爱的新生
如何在婚姻中重获幸福

[美]麦琪·斯卡夫 著
蔡薇薇 译

上海社会科学院出版社

图书在版编目（CIP）数据

爱的新生：如何在婚姻中重获幸福 /（美）麦琪·斯卡夫著；蔡薇薇译. —上海：上海社会科学院出版社，2021

书名原文：The Remarriage Blueprint: How Remarried Couples and Their Families Succeed or Fail

ISBN 978-7-5520-3542-1

Ⅰ.①爱… Ⅱ.①麦… ②蔡… Ⅲ.①婚姻—社会心理学 Ⅳ.① C913.13

中国版本图书馆 CIP 数据核字（2021）第 063380 号

The Remarriage Blueprint:How Remarried Couples and Their Families Succeed or Fail
Original English Language edition Copyright © 2013 by Maggie Scarf
All Rights Reserved.
Published by arrangement with the original publisher,SCRIBNER,a Division of Simon & Schuster,Inc.
本书中文简体版权归属于东方巴别塔（北京）文化传媒有限公司
上海市版权局著作权合同登记号：图字 09-2021-0304

爱的新生：如何在婚姻中重获幸福

作　者：	[美]麦琪·斯卡夫
译　者：	蔡薇薇
总 策 划：	巴别塔文化
责任编辑：	王　睿
特邀编辑：	蔡博闻　武晓娜
装帧设计：	今亮後聲 HOPESOUND 2580590616@qq.com·小九
排版设计：	胡凤翼
出版发行：	上海社会科学院出版社
	地　　址：上海顺昌路 622 号　　邮　编：200025
	电话总机：021-63315947　　销售热线：021-53063735
	http://www.sassp.cn　　E-mail：sassp@sassp.cn
印　　刷：	天津光之彩印刷有限公司
开　　本：	880×1230 毫米　1/32 开
印　　张：	10.25
字　　数：	200 千字
版　　次：	2021 年 7 月第 1 版　2021 年 7 月第 1 次印刷

ISBN 978-7-5520-3542-1/C·205　　　定　价：56.00 元

版权所有　翻印必究

谨以此书献给那些率真勇敢地将自己的私密故事
与我们分享的再婚夫妇们

目 录
CONTENTS

序言　再婚之旅：下一站遇见幸福 / i

第一章　核心挑战：面临复杂棘手的继亲关系 / 1
　　幸福陷阱：一见即钟情 / 3
　　她爱我就必须爱我的儿子 / 10
　　一个丈夫，两任妻子 / 12
　　再婚妻子：身份模糊的人 / 17
　　局内人/局外人的两难境地 / 20
　　再婚后为何再次离婚 / 22

第二章　与初婚家庭截然不同的结构模式 / 45
　　初婚夫妻创建的共同基础 / 47
　　充裕的二人世界的时光 / 50
　　每场离异标志着一个小文明的死亡 / 53
　　挑战一　局内人/局外人之摆位 / 57
　　挑战二　孩子们的损失和情感忠诚纽带 / 63

挑战三　育儿任务 / 65

挑战四　文化碰撞 / 70

挑战五　另一位家长 / 74

策略一　人际沟通技巧 / 77

策略二　修复旧时的精神创伤 / 80

第三章　建立新的婚姻观 / 83

误区：重建初婚家庭 / 85

前妻综合征 / 101

寻找灵魂伴侣 / 105

重获幸福的秘密 / 110

第四章　"软—硬—软"的沟通策略 / 113

充满争吵的婚姻 / 115

婚姻中最重要的是爱 / 122

局外人转为局内人 / 124

打造有"缺口"的家庭边界 / 127

"软—硬—软"的沟通策略 / 130

第五章　修复原生家庭创伤 / 135

每个人都有内化的 GPS 系统 / 137

原生家庭暴力下成长的伴侣 / 139

两段错爱的婚姻 / 146

重新遇见爱情 / 153

最好的亲密关系是彼此成就 / 156

第六章　建立婚姻安全感 / 163

金钱观的差异 / 165

家庭归属感 / 169

谎话连篇 / 190

订立婚前协议 / 203

第七章　如何管理家庭财务 / 205

婚前坦诚公开双方的财务状况 / 211

净资产与风险管理 / 214

婚姻资产负债表 / 216

遗产继承事宜 / 220

如何开口谈钱 / 223

第八章　尊重彼此的文化背景差异 / 227

尊重家庭文化的差异 / 229

不同文化观念下的继亲育儿理念 / 241

流言蜚语 / 247

第九章　再婚家庭的幸福秘诀 / 251

　　两套育儿观 / 253

　　坦诚相待 / 258

　　贴心的陪伴 / 261

　　关注继子女的心理成长 / 264

　　金钱、性爱与团队精神 / 271

结　语 / 277

致　谢 / 283

麦琪·斯卡夫访谈录　再婚家庭面临的五大挑战 / 285

序　言

再婚之旅：下一站遇见幸福

　　描绘再婚图景的一个惯常的方式是把它比作一块擦得干干净净的石板，在一段全然不同的情感关系中再次寻求幸福的机会。再婚夫妻通常会带着满满的自信乐观扬帆起航，相信这一次的婚姻不但会改善他们自身的生活质量，同时也将造福随着他们一起步入婚姻的孩子们的人生。从情感和经济的双重角度来看，生活中有两位爱心拳拳的大人会将家庭中可利用的储备翻个番，这似乎是显而易见的。

　　再婚夫妇同样也期望让他们的孩子在欢乐、和谐的家庭氛围中成长，而这种氛围只能通过相对富足、彼此相爱的夫妻俩来营造。而这一次，再婚的双方也都相信，他们可以规避，甚至是完全免于陷入之前遇到的错误或是灾难中。毕竟，两个人现在都更成熟些，也更加了解自我。当谈论到选择"合适"的伴侣以及在亲密关系中做出必要的让步方面，现在的他们觉得更为得心应手。

但是，尽管随着智慧和生活经历的日积月累，新伴侣们也不能完全意识到将两个支离破碎的家庭重组到一起时所遇到的挑战的复杂性。虽然他们可能是带着美妙的感觉启程的，身处一段充满爱意的亲密关系中，他们觉得自己能量满满，自我价值感膨胀。但是过不了多久，他们就会发现自己陷入了两难的境地，这种局面是他或她在初婚之时所完全没有遭遇过的。他们很快就会觉得仿佛是在一片未知之境中穿行，完全不知道自己身处何方，将要去往何处。他们最需要的是有人给他们预警，告诉他们在通往最终目的地的旅程之中会遇到的各种惊喜和挑战，而他们要去往的终极目的地就是：成为融为一体的"我们"——一个情感交融的整体，每个人都带着真正的家庭归属感。

一个离异家庭的孩子

我自己就目睹过一次短暂的再婚。我的父亲结了四次婚，我是他第三任妻子所生的女儿。我有两位姐姐和一个弟弟（现在都已亡故）。我的父母在我十三四岁的时候就分开了——一次类似于逃亡的分手，由我的两位姐姐一手策划与监督。她们将我那柔弱无力的母亲从一位暴君般的，不时令人彻骨恐惧的丈夫手下营救出来。我对此次分手一无所知，直至最后一刻，也就是当我回家看到家里的家具都被人搬到了货车上的时候，才恍然大悟。

接下来的一系列变化都让我们灰心丧气。我们搬到了一套出租公寓里，邻里都是些缺乏教养，甚至有些让人害怕的人。我被迫转学到另一所高中，那儿一个认识的人都没有，更别说朋友了。那是我人生中一段艰苦而孤独的时光。

我的父母最终离异了，但几年之后，他们又尝试着和解并复婚了，虽然这次尝试注定是要失败的。我那时正在艰难地进行着我的大学学业，并因为一些经济上的原因搬回家住了。我的两个姐姐那时都独立了（有一个已经结婚了），所以我成了这场婚姻第二次解体的唯一见证人。

我的父母之后又都各自再婚了。我的父亲在临近80岁的时候娶了他的第四任妻子——米拉——一个像我母亲一样脾气温和的女人（他都是从哪儿找到她们这样的人的呢）。我那时已经结婚了，成了三个女孩儿的母亲，其中两个是我亲生的。我不常见到我的父亲和继母，但我记得清清楚楚的是有几次当米拉以"母亲"的身份给我提了一些建议，让我这个做女儿的多给父亲一些关爱时，我是有多么吃惊。我几乎当着她的面就笑了。这个对我而言名副其实的陌生人，又怎么会知道这个男人在为父为夫的时候做出的残暴行径对我们而言就是一场噩梦？我对她很礼貌，但对她的"谆谆教诲"置之不理。

成年之后，我都把自己当作一个来自离异家庭的孩子，但从不认为自己是再婚家庭的孩子。当我的父母各自再婚时,我和他们新伴侣的交往是最敷衍了事的。所以当我开始进行再婚主题的研究时,对于这个主题,脑子里浮现的是《脱线家庭》(*Brady Bunch*)里的那些浪漫的情节。那时的我相信刚刚再婚的配偶和他们各自的孩子是能走到一起,轻易地融合为一个崭新而温馨的大家庭的。

再婚旅程

大概 13 年前,当离异和再婚成为美国人生活中一个愈加显著的现象时,我开始深入研究这一课题。在此之前,我已经成功完成了三本关于情感关系的著作:一本关于女性和抑郁症的、一本关于情侣的、一本关于家庭的。但令我惊讶的是,关于再婚生活方面能找到的有价值的研究并不多。有几位声名卓著的临床医生的确写过几本书,但对于没有专业知识的门外汉来说,并不能轻易读懂他们的作品。因此,当我找到刚毕业的研究生帕特丽夏·佩培璐(Patricia Papernow)所构建的再婚模式时,我觉得自己十分幸运。她写了一本《再婚旅程》(*The Remarriage Journey*),书中清清楚楚地呈现了我所经历的整个再婚旅程。

在这里,我以简要的形式列出佩培璐描绘出的六个阶段:

1. 误区与幻想:这是一个充满希望和高度臆想的时期。诸如,新构建的再婚家庭中的所有成员间都能立刻形成亲密无间的情感关系。

2. **迷惑**：幻想遭到无情打击，现实渐渐浮出水面。诸如，历时最长、最强有力的情感联系是生父/母和他们的孩子之间的。

3. **意识觉醒**：家庭成员开始为描述他们的经历创造词汇，明确说出他们所经历的各种感受。

4. **变动**：各种改变开始发生。虽然再婚夫妇对他们的失望与沮丧秘而不宣，各种情况却公然冒了出来——有时候是轩然大波！

5. **重组与重建**：这个阶段可以被称为"共同着手办事儿"。夫妻俩和他们的家庭成员都撸起袖子，着手协商并解决他们之间的分歧。

6. **和解**：这是再婚家庭的蜜月期。在这个时期，每个人都适应了这个新的结构，开始真正融为一体。这个新结构是可协调运转的单位，在这个单位中，所有的成员都各就各位。这个新的家庭真正意义上成为一个"家"——家庭成员建立起了一块崭新的、互相成就的家庭领地。

脑子里有了这个简洁的模式后，我就开始了再婚夫妇的一系列采访。我想尽可能地了解他们和他们共同组建的家庭所面临的各类问题。在我的采访对象中，最引人注目的再婚夫妇来自一个本地继亲家庭支持组织。我们会每周碰面进行讨论。这个组织里大约有20对再婚夫妇，只是每次来的人有多有少。他们中的大多数我在私人环境中（他们的家或是我的办公室）采访过。我还采访了一些他们有再婚经历的朋友，以及在我做讲座时，自告奋勇的志愿者们。我所使用的模式起初看似无懈可击，但是随着我深入地了解这些再婚夫妻，听到他们独一无二的故事，看到他们所做的挣扎，发现这种模式的大体框架已无法映射出他们的现实状况。

　　我的行动计划本来是采访许多再婚夫妻，最终详细地讨论6对处于不同阶段的夫妻。但是，随着采访进程的不断延续，我意识到，其实，更细致一些地审视的话，每对夫妻都不能明确地归到佩培瑙所列的几个阶段中。正相反，他们有可能处于任何阶段，尤其是再婚之初，一方可能处于令他们不适的意识觉醒阶段，而另一方却还陷在误区与幻想的泥沼中不能自拔；或是一方正在迷惑阶段，茫然若失，而另一方却已经准备继续前行，进入重组与重建阶段。在很多时候，还有许多人是同时处于旅程中一个以上的阶段，比如说，又是意识觉醒期，又处于变动期。

　　我无法条理清晰地将这些再婚夫妇的故事书写出来，因为事实上，他们中的二人经常不处于同一个发展阶段。所以，尽管深感懊恼与遗憾，我还是将这个课题搁置起来了。

　　我还会重新着手研究吗？我也不确定。

发人深省的统计数字

　　随着人们从20世纪迈入21世纪，关于美国家庭生活的人口学也在发生翻天覆地的变化。正如社会学家安德鲁·J. 切尔林（Andrew

J. Cherlin）在他的近作《婚姻旋木》（*The Marriage-Go-Round*）中所说的一样，"不论是结婚还是离异都是构成一个国家（美国）综合图景的要素，在这个国度中，人们结婚、离异与再婚的速度都超过任何其他的西方国家。"在两性关系方面，美国人似乎是一直走在前面的。

切尔林谈到，在这个国度，离异之后，前任们找到新伴侣的速度比其他国家都要快。他们经常会轻易就同居（住在一起），但也会更加迅速地分开。这种脆弱的情感关系造成了一种流动性和不确定性，特别是对于卷入其中的孩子们而言。

提到美国关于结婚和再婚的数据（还有同居的），情况就更是模棱两可了。这些数据由于来源的不同而显现出巨大的差异。但是可以肯定的是，再婚的失败率比初婚的失败率要高上 10 个百分点。我见到的再婚失败率的最低值是 60%。有些专家和学者甚至认为还会更高一点，比如，65% 和 70%。70% 这个数字看起来似乎不太可信，但是这个数字是文斯黛·马丁（Wednesday Martin）在她的著作《继母》（*Stepmonsters*）中引用的，这本书将继母描绘为最终的受害者，表现了作者的睿智和她抑制不住的怒火。

根据继亲家庭的研究者拉里·加农（Larry Ganong）的研究，现在结婚的人群中就有 40% 属于至少有一方是曾经结过婚的。同样令我们惊讶的是，根据皮尤研究中心（Pew Research Center）最近的一项调查：研究者发现，目前 1/4 的美国人都拥有一位属于继亲的亲属。

那是整个美国人口的1/4！

在我从事再婚研究未果而休息的十余年之后（在这期间，我写了两本新书，一本关于情感创伤，另一本关于持久婚姻），我重新对这一主题迸发出了强烈的火花。于是，我又重操旧业进行了多项研究，并得出了可靠而实用的成果。

在我研究的许多问题中包含以下这些：继父（母）有权惩罚继子（女）吗？还是只有他们的生父（母）才有权这么做？初婚夫妻和再婚夫妻争吵最激烈的事项是否有区别？如果所有的家庭成员都参与到集体活动中的话，这个新建立的家庭会不会融合得更快？在经济方面，什么在制造家庭温暖、信任和共情上效果是最好的？是"一锅"方案（夫妻将钱都放在一起），"两锅"方案（夫妻二人各付各的，各养自己的孩子），还是"三锅"方案（夫妻二人各拥有自己的户头，但创建第三个户头用于支付家庭开销）？关于再婚方面不断涌现的文献都给出了这些问题以及其他很多问题可靠的答案。

现在存在的问题是这些文献阅读面太窄了，甚至那些需要为许多再婚家庭提供治疗方案的治疗师们都读得不多。在1997年，我搁置了有关再婚方面的探索，到了2009年，我又重新着手研究。在1997年到2009年的十几年中，竟然没有一位临床医生实打实地基于这些不断积累的研究而写出一本著作来！

同时，也很有趣的是，再婚和继亲家庭动力学竟然很少（几乎没有）被包含在家庭治疗训练课程中。过去人人都想当然地认为

（现在还是这样）如果你学会了如何为初婚家庭制订治疗方案，那么你就可以用你丰富的临床知识来处理再婚夫妻以及他们的孩子之间存在的问题。但是，这种想法其实是大错特错的。

结构模式隐喻

随着关于再婚的学术研究不断地开花结果，一小群致力于此类研究的临床医生和研究者开始将目光投向再婚的结果。其中最为杰出的就是帕特丽夏·佩培瑙博士。她一直忙于创建一种最新的模式——这种模式虽然和她的再婚旅程隐喻有异曲同工之处，但是更加注重当下，密切关注再婚家庭可能遇到的主要困境以及如何走出这些困境。同样非常重要的是，这种新模式是牢固建立在各种证据——再婚研究者们日积月累的多样性成果基础上的。

佩培瑙把这种新模式称为"结构模式"以强调一个概念，那就是可以把初婚家庭和再婚家庭比作两种不同的建筑，它们的蓝图是迥然不同的。当然，大家都很熟悉初婚家庭的结构，再婚家庭的构架却不那么为人所知，甚至都没有人知道它的结构是与初婚家庭有着天壤之别的。这种基本的差别是建立在一个关键性事实基础上的，那就是生父母与他们血肉相连的子女之间那种存续时间长久的深刻的情感联系，是新来者/继父母与他们之间很难具备的。

这种情况带来了一连串的关键性挑战，而这种建构模式的基本信条就是再婚夫妇基本上会遇到部分或是全部的挑战。这里的一些挑战对于经历过的人来说是司空见惯的，但是再婚夫妇们也许从来都没听说过——虽然他们有可能每天都在应对这些。将这些惯常的经历烂熟于心，再加上用清晰的语言表述来探讨困扰重组家庭的重重难题，对于在各种意想不到的两难境地中苦苦挣扎的再婚夫妇来说，是一种莫大的福祉。

佩培瑙的建构模式，在我早先致力于研究再婚夫妇所面对的日常现实方面，给我提供了一个关键性的崭新视角。让我很容易看到，为什么让夫妇二人齐整地定位到一段旅程的各种阶段这种想法是不可能的。将本来风马牛不相及的两个家庭单位融汇在一起的过程，远比从A点移动到B点复杂得多。规划、设计并建造一栋建筑物这个隐喻，对于新建立的家庭来说更为贴切。

细想一下，所有的构建都是在空间领域中组建起人与人之间的情感联系。初婚家庭的结构不假思索便可建造完成，用建筑师的话来说叫"民间风格"；也就是说，只要用到常规的规划方式。想象一下这就是一所房子，中间是门厅，左边是起居室，右边是餐厅和厨房，楼上有三间卧室。建造这样的房子不需要用到特殊的建筑手段。从隐喻的角度来说，这对应的就是初婚家庭——我们大多数人就在其中长大成人。这种家庭就存在于我们的脑海中，我们很清楚该怎么着手来建造它。

而再婚家庭却显现着各种设计上的挑战。缺失的配偶（因为离章，我采访了贾米森一家，就写到了一个孩子所经历的伤害和痛苦。艾比·贾米森（Abbie Jamison）的儿子罗伯（Rob），在艾比再婚后情绪就十分低落，对自己的母亲和继父排斥不已。因为这次再婚需要全家横穿整个国度，搬到另一个地方去，孩子离开了挚爱的祖父母、表兄弟姐妹，离开了熟悉的学校和朋友们。

并且，这类孩子在此后的婚姻中很可能会引发忠诚方面的矛盾。再婚家庭的孩子经常会受到负罪感的困扰，如果慢慢喜欢上甚至是爱上那位"取而代之的父亲（母亲）"，那就是对自己"真正"的亲生父亲（母亲）的一种背叛［实打实的一种背叛，或是对记忆中的父亲（母亲）的背叛，如果那位家长已经去世的话］。

育儿工作会令配偶双方针锋相对，剑拔弩张

这一挑战很可能让夫妻双方针锋相对，剑拔弩张。继父（母）希望对另一半运转至今的单亲家庭模式做出一些改变——因为天长日久，这种家庭结构很可能变得过于松散，过于放纵。但是，继子女却对他（她）的要求置之不理或是公然挑衅，他们已经经历了太多改变，希望一切能够像这位陌生人/继父（母）来到之前一样，一如往常。而生父（母）既要取悦其新配偶，又要向孩子们保证一切都会一如既往，他们不会再经历地动山摇的转变。

不容置疑，在单亲状态存续之时，生父（母）的权威会回落，他（她）很可能过于纵容子女。所以，在继父（母）要求更多的秩

序性和尊敬感的时候，生父（母）也会希望改掉孩子身上过度的散漫，质疑他们的许多言行。

这个问题在第一章，我对朱莉和马修·奥尔布莱特的采访中体现得淋漓尽致。朱莉希望在照管继子加布（Gabe）的时候，能让他守规矩。马修和他的前妻弗兰（Fran）则否决了她，由此剥夺了她作为家庭女主人的权威。

整合两种异质的家庭文化

这里呈现的巨大挑战，包括每一方带到新建继亲家庭的形形色色的差异。各种事物上的默契，从是否可以在大家都坐定之前开始用餐，到是该把衣服挂在衣钩上还是直接扔到沙发上，这些都是生父（母）和孩子之间不言而喻的，但是家庭的新成员却对此一无所知，通常也无法理解。

这种情况下出现的困境，归根结底是由于再婚夫妇间的共同基础相对单薄（不用言明的习惯、规则和日常程序），而生父（母）和子女间的共同基础则经过数年的锻造，是深厚的。家庭成员需要一定的时间，来打造一个新的共同基础，一个可以让新家庭系统中的每个成员都深感满意、舒适的共同基础。

这种挑战方面的绝佳案例出现在第六章，在伯克一家的故事中，新妻子卡罗尔（Carole），由于泰德（Ted）已经成年的孩子们拒绝清理厨房而大动肝火，因为这对她而言十分重要。事实上，诸如此类的微小要求惯常性地被无视,让她觉得自己像是隐形的一样,仿佛她是"疯了"。她觉得自己就是个外人,并不属于泰德一家。

同样,在第八章,我记录了佩雷斯/德·马泰奥(Perez/de Matteo)夫妇的故事,描绘了两种不同的家庭文化、两种不同的种族文化同时在场的时候会发生的碰撞。在这对夫妇的案例中,我们应当注意到,目前,50%的美国人会选择跨种族的婚姻,而在再婚家庭中,这种跨越社会经济与文化的通婚率攀升得更高。

正如第八章所呈现的一样,维姬·德·马泰奥(Vicki de Matteo)和米格尔·佩雷斯(Miguel Perez)之间是通过两套双方都会产生误解的模式进行沟通的。

家庭边界的延伸

初婚核心家庭中的成员包括亲生父母和与他们血脉相连(或是领养)的需要他们抚养的子女。从实际情况出发,在再婚家庭中,这种家庭模式则不算完整,因为会有一个生活在家庭外部的家庭成员(生父母中的另一方)必须被纳入整个系统中来。因此,这个"边界上必须有个洞",能让这位父亲(母亲)轻松地走进来。

我们都看到了,在第三章杜瓦利埃一家的故事中,这种非闭合的边界面临着重重困境。克里夫·杜瓦利埃的第一任妻子和他的好朋友私奔了,令他无尽地懊恼与思念(他前妻是这么认为的)。因此,他和第二任妻子莎拉(Sara)之间的美满深深地激怒了第一任妻子，于是，她无时无刻不竭尽所能地介入这对夫妇的生活，让他们深感困扰。

化解五大挑战

说到迎接五大挑战，再婚家庭的结构这一概念再一次回归到我们的视线中。我们应当从三个层面来构建这栋想象出来的大厦。居于最高层面的就是我们前面所描绘的五大挑战。正如佩培瑙曾在我们不断地交心过程中提到的那样，许多再婚夫妇需要的只是清晰地了解这五大挑战，并能用语言对此进行谈论和协商。她把这化解挑战的第一关称为"心理健康教育"。

在其下的第二个层面，佩培瑙规划了第二套助攻手段来化解再婚困局，她把这称为"人际沟通技巧"。这个层面上的理解取决于夫妻双方就一些敏感问题是如何互相沟通的——尤其是育儿问题——这是所有再婚家庭最为敏感的。一个简单的例子就是关于"我"的信息的使用。因此，千万不要说"你那些倒霉孩子走进来，连声招呼都不打就直接从我身边走过去了"。一位继父（母）可以这样来描述自己的沮丧："当你的孩子跑进来对你又亲又抱，却对我完全视若不见的时候，我真的觉得很受伤。"第二种方式更有可能引发一次充满怜爱的交谈而不是争吵。

处于再婚大厦最低、最深层的是佩培瑙所说的"旧时的精神创伤"，这些创伤指的是一个人源于原生家庭的痛苦经历和未得到解决的事务。无可置疑，这样的事件也频繁见诸初婚家庭，但在再婚情况下，却尤为让人辛酸。譬如，一个人在原生家庭中无力取悦其他家人的话，在新的再婚环境中被人漠视将成为一种难以承受的打击。或是，如果一位继父（母）在童年时期就经历漠视与冷落，再婚之后，当血亲之间自说自话，完全对他（她）的意愿和要求置之不理的时候，就极可能引发旧伤。在第五章，迈耶一家（the Meyers）的故事就让我们看到，格雷格（Greg）的父母不和谐的婚姻对他此后的人生所产生的显著影响：当他最终步上正轨，与性情温和、情感丰富的卡罗琳建立情感纽带之前，他已经经历过两次失败的婚姻了。

讳莫如深的大事件

金钱对于很多再婚夫妇来说，都是一个避之唯恐不及的禁忌话题。伴侣之间也许会细致谈论他们与前任之间的婚姻史和性史，却会完全避开财务史和目前的经济状况一类的话题。要求看一看另一半的账目，听着就颇具入侵意味，而且也非常不浪漫！但是，再婚家庭中涉及的一大堆复杂的金钱事宜是需要理得明明白白的——人寿保险、退休金、马上要交的大学学费、房屋的产权和未偿还的大宗欠款等，都只是冰山一角。而且，对于再度进入婚姻的人，他们在金钱上表现出来的个性已经相对固定了。譬如，有些人账单一到就会立刻交钱，有些人则会把账单扔到抽屉里，等到某个黄道吉日再交，还有一些人会等到逾期了才交。

在第七章"如何管理家庭财务"中，我呈现了一种财务生活的概况，所有打算再婚的人都应当对此烂熟于心。此外，我还对如何在不触怒即将结合的或是刚刚结合的配偶的情况下，机智地展开一场事关金钱的谈话提出了几条建议。一条令人胆寒的"货物出门，概不退换"的原则出现在第六章"建立婚姻安全感"中。我访谈了伯克一家，他们的故事向我们展现了，如果你对新伴侣的财务状况和消费习惯一无所知的话，会出现怎样糟糕的后果。

一点新，一点旧

本书从某种程度上来说是一次纵向研究。我最近再次拜访了12年前我首轮采访对话过的一些夫妻。我发现，从12年前开始，再婚方面的研究也好，总体上的同居率也好，都已经发生了极大的变化，于是，我决定回过头去，重新采访一下1997年到1998年间我首次见过的那些夫妻。

这不是件简单的事儿，因为这些夫妇已经搬家了，散落在不同的社区甚至是全国不同的地区了，并没有留下任何联系方式。我对他们的生活充满好奇，但却无法知道在过去的12年里，他们的婚姻生活到底进展如何。但幸运的是，我还是成功联系到了其中的一些夫妻。在本书中，我将会讲述其中两对夫妇的婚姻实况，因为他们正是我要说明的一些要点的生动实例。除此之外，其他出现在本书中的夫妻都是我近些年，也就是2009年到2011年采访的对象，在这个时期，我这个采访人手上的数据更充分，也获得了更有针对性且更加有用的再婚模式。

第一章

核心挑战：面临复杂棘手的继亲关系

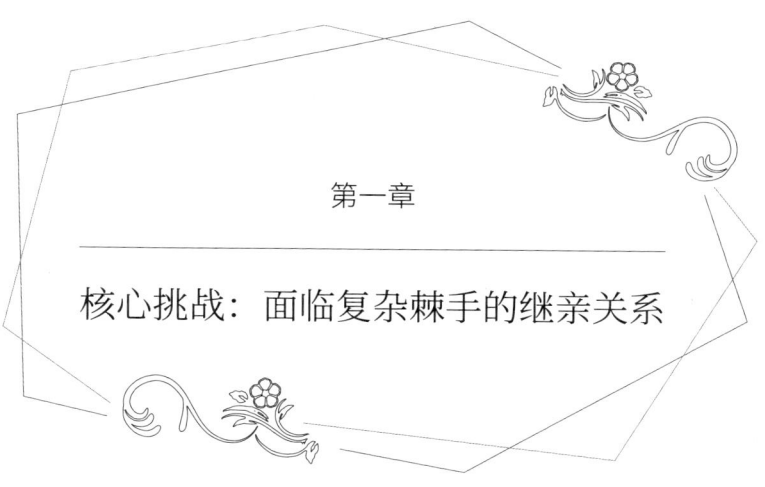

再婚夫妻认为他们与对方过往婚姻的婚生子女能轻而易举地融合为一个充满爱意、欢声笑语的新家庭。这种想法是完全错误的。

幸福陷阱：一见即钟情

朱莉·奥尔布莱特和马修·奥尔布莱特是我进行再婚研究时第一批自告奋勇的受访者之一。我在20世纪90年代后期采访过他们，并于12年后进行了回访。我初次见到他们时，他们结婚已久——8年了，可这对情侣互动时的激情与兴奋却从一开始就表露无遗。我一再核对他们的结婚日期，生怕是当时记得太匆忙出了错，因为他们对待彼此深情满满，更像是一对还处于蜜月期的新婚夫妻。

朱莉当时45岁，这是她的第三次婚姻，马修比她大7岁，是他的第二次婚姻。在我1997年采访他们前不久才刚刚过完八周年纪念。奥尔布莱特夫妇已经安然度过所谓的再婚夫妻五年危险期整整三年了。他们似乎关系稳固，在我看来，他们依然深爱对方。但在我们会面的过程中，我还是感觉到他们对于不少事情意见并不一致，尤其是涉及育儿方式时。

朱莉有一个女儿，是她20岁初婚时的婚生女，当她与马修结婚时，女儿已经17岁了。马修初婚时25岁，37岁时他的独生子加布诞生。那时他和第一任妻子已经分居，两人在两年后离婚。

在马修看来，当他和朱莉结婚时，朱莉的女儿莱斯利正要离家去上大学，这无疑让他喜出望外。"朱莉的女儿在我们婚后不久就要离家了，感谢上帝，因为她确实令人头疼。"马修用轻蔑的口吻简短地说道，"不折不扣地，令人头疼。"

马修的说法吓了我一跳，我把目光很快投向了朱莉。她灰色的大眼睛睁得更圆了，纤瘦的身体似乎僵住了，脸上的表情却仍旧不喜不怒。她伸出手拨了拨柔软的棕色卷发，一言未发。

接着，马修又心平气和地说："当然了，那个时候的我也没有跟处于青春期的孩子打交道的经验，我的儿子加布，那时才7岁，如今他15岁了，所以现在我明白身边有个令人头疼的青春期少年是什么感觉了。"他轻声笑道，听得出那是一位宠溺儿子的父亲自豪的笑声。

他继续说道："可是朱莉的女儿太可怕了，的确算得上可怕。她极其需要关爱，喜欢处处跟她的妈妈一较高下。很可惜啊，无论是外貌还是气质各方面，她都无法跟她的母亲相提并论。"我望向朱莉，她确实很漂亮。"我的老天，"马修提高了声调，"莱斯利太喜怒无常了，是个极度以自我为中心的孩子！你得把自己当成她的亲生父亲才能有办法爱她。"

他犹豫并沉默了片刻，场面一度陷入沉寂，接着他又用一种被激怒的口吻说道："她就是不考虑别人的感受。她从楼梯上走下来时,从来不会跟我们说早安,还经常做出一些我认为是反社会的举动。她真是头顶着乌云走进房间的。"

马修·奥尔布莱特,身材高大,体形壮硕,一头卷曲的头发已经花白了。他坐在椅子上,身子前倾,眼睛直盯着妻子。有那么一个片刻,我觉得他的气势是咄咄逼人的。朱莉在马修说话时始终一言未发,只是摇头表示并不认同。

我欲言又止,深吸一口气,随即开诚布公地问朱莉,丈夫对女儿叛逆行为的负面评价是否令她感到失望。她的脸上闪过一丝痛苦的表情。"是的,我曾经很失望,"她说,"现在也一样。他曾无数次地指责过我养育女儿的方式,认为我为人母并不称职。"

朱莉说话时一直直视着我,仿佛有意将马修排斥在外。"我认为只是我们的育儿理念不同而已。莱斯利跟我关系十分亲密,因为我们俩都是女性。我是一名年轻母亲,而马修是在只有父亲和哥哥的环境中长大的,最后他又有了儿子。然后我们俩组建了家庭,我有女儿——女孩儿间的相处方式跟男孩儿们是很不一样的。她们可以瞬间吵翻天,下一刻又好像什么事都没有发生过。这是千真万确的。莱斯利什么情绪都写在脸上,也确实很渴望关爱。同时,她恰好到了离家外出上学的时候,却发现她的妈妈搬来跟这位英俊又富裕的白马王子一起住,发现她的妈妈住在又大又漂亮的新房子里,这里还有一个7岁大的小男孩,分分钟会抢走妈妈的注意力。"我注意到了朱莉左手无名指上戴着的硕大钻戒。"现在我女儿已经又离家去学校了，我想她走的时候内心一定很挣扎。"

我想朱莉的女儿那时内心一定挣扎不已。从家庭生命周期来看，莱斯利的任务是要与新建家庭的成员们建立情感纽带，而与此同时，从她的个体生命周期来看，她却处于青春期孩子正常的离家上学阶段。

这样复杂的情况在再婚家庭中并不罕见，当某个家庭成员的生命周期（在莱斯利的案例中是离家上大学），与其需要和新建家庭建立情感联系的任务间出现时间上的错位时，烦恼就随之而来了。所以，我们应该这么说，这或许归结为再婚夫妻俩所处的家庭周期不一致。朱莉·奥尔布莱特的女儿近乎成年，而马修·奥尔布莱特却没有抚育过女儿或是十多岁大的孩子。作为一名7岁男孩的父亲，他对继女并没有足够的耐心或是同情心，对处于青春期的孩子，尤其是女孩子的行为习惯也是一无所知。

让我先暂时将我们谈论的主题搁置一边，先说一说"幻想"。我用"幻想"这个词没有任何贬损之意。恰恰相反，我想的都是"幻想"的积极正面之处。理想化的、充满希望的幻想是美妙的，也是再正常不过的。我们会将这些美妙的幻想融合到新组建的家庭关系中去。但是，我们也必须清醒地认识到，许多再婚夫妻对新婚姻所持有的粉红色的幻想也有一些特殊之处。这些极其积极正面的期待背后的推手是内心中强烈的希望，希望能快速弥合那些因为离异或是丧偶而导致分崩离析的家庭系统。而这些幻想中最常见的一种就是认为新建家庭的成员们刚刚相处就能其乐融融。再婚夫妻认为他们与对方过往婚姻的婚生子女能轻而易举地融合为一个充满爱意、欢声笑语的新家庭。这种想法是完全错误的。

在马修的第二次婚姻中,他很显然就对这种极具威力的再婚幻想毫无招架之力:他觉得他的新婚妻子和他儿子能迅速打成一片,毫不费力就能建立起温情满满、互敬互爱的关系。

他现在用一种带着愠怒的口吻对我说,他在再婚时自信满满地认为,他和朱莉间的爱能迅速营造出他一直想要的积极、和谐的家庭生活。这将很容易实现,因为朱莉的女儿莱斯利就要离家上学了,而他的儿子性情容易相处,且儿子的监护权是他与前妻共有的,加布隔周才会回来跟他们住。

"我们再婚时加布才7岁,他是个聪明、开朗的小男孩,真的棒极了。这样的一个孩子谁不爱呢?"他反问道,"朱莉一搬进来,马上就会喜欢跟我儿子待在一起的。我那时从来没有怀疑过这一点。他就是个小天使。他是我的儿子,而朱莉是爱我的,所以一切都会和和美美。我脑海中有个画面,我们一家人在一起就像《脱线家族》里的那家人一样——我们会有很多共同的兴趣,在一起做很多的事儿。"

"所以很多强烈的期待驱使我的行为,对朱莉做了许多可怕的事情——操纵她和加布之间的关系,希望他们的关系能朝我所构想的方向发展。这种做法反而让他们的关系紧张起来。如果朱莉走进房间,加布恰好在那里,而朱莉没有拥抱他,给他一个吻并热情道上一声'你好'的话,气氛就紧张起来了。这让我很沮丧,因为我只是想把他们的关系搞好,我只是想要家庭和和美美的。我现在明白了,当时的我给了朱莉很大压力。"

"与此同时,有关加布的问题接踵而来,使我们夫妻之间的关系紧张起来,时有争吵,婚姻开始岌岌可危。我开始渐渐感觉到朱莉并不喜欢加布在我们身边,对她来说,加布成了一个大麻烦。这一点我不能接受,加布是个好孩子。谁不喜欢好孩子呢?"马修的声音听起来既困惑又受伤,还带着一丝挑衅。

这是一个修饰性问句,也就是说并不需要别人回答的——我也很庆幸不需要作答。一名采访者最主要的职责是倾听,我忍住不对马修指出:当他公开对朱莉的女儿表示轻蔑时,却希望他的妻子能立即无条件地爱上他"完美"的儿子,当然,事情完全不会如他期望那般发展。

"那时开始不断出现的问题给了我沉重打击,"马修讲述道,"我猜那时的我一定是毫无防备的,因为在很多方面,我们夫妻俩都能让事物运转得井井有条。我非常爱朱莉,也正是因为我对她的爱,我一开始就信心满满,认为这事进展起来一定会不费吹灰之力,不会有任何问题。"他停了一下,然后又语气平静地说道:"情况渐渐发展到他们俩之间的关系日益严峻,我们俩也离分手只有一步之遥了。"

我看了一眼朱莉,她仿佛在椅子上缩成了一团,脸上也带着惊恐的神情。

这位父亲幻想着他的新娘,因为爱他,能自然而然地从一开始就爱上他年幼的儿子——甚至是在她还没有时间跟孩子培养任何情感联系之前。这种毫不理性的想法在再婚夫妻之中十分常见,他们认为他(她)爱你,就自然会爱你的孩子,而且还爱得像你对自己的孩子一般深沉、热烈。不仅是你的新配偶会爱你的孩子,你的孩子也会在这种美妙的继父(母)的温暖感召之下茁壮成长,并且会全心全意地回报这样的爱。仅仅是因为被聚在一起,所有再度组合的家庭成员之间就能立马成为情感交融、爱意满满的知己与至交。

但是,认为再婚家庭中的每一位成员将会爱上或者仅仅是喜欢上彼此,这种想法也是很不理智的。毕竟,坠入爱河的只是父母,而不是孩子们。被这种令人愉悦的误区粉饰掉的是一个简单的真理,那就是人与人之间的关系是需要时间去培养的,而不是粗暴地强加于人。毕竟,新成员将会占据原本属于他们自己的时间和空间。

而且,试图将爱强加于人会带来一种负面的推动力,往往会适得其反。一定长度的适应期是非常必要的——一段用于清晰令彼此都满意的角色、规则和相处节奏的时间。这些是新组建家庭共同生活的基础,因为所有的家庭成员都需要慢慢了解突然与他们同在一片屋檐下生活的陌生人。

她爱我就必须爱我的儿子

马修·奥尔布莱特认为爱他的女人就必须自然而然地喜爱他的孩子，而且这份爱的热度应当与他对孩子的一般无二，他将此视为一种道德品行。当她没有让他如愿——或者说是爱得没有预期的那么热烈的时候——马修就被沮丧和失望所左右了。很快，他就开始指责她，说她没有扮演好他期望中的慈母角色。从某种程度上来说，他觉得仿佛是朱莉误导和背叛了他。

但是，她爱上的是这个孩子的父亲，而不是这个孩子。从现实的角度来说，与马修的儿子形成发自肺腑的情感关系需要一些彼此熟悉的时间、一定程度的耐心和日常点点滴滴的汇聚。但是，在这些美好的预想开花结果之前，在充分的共同基础建立之前，她一直是处于一个极其矛盾的位置，那就是她被迫去发自肺腑地喜爱加布。

很难想象，当有人已经提前定好了让你真心真意地去热烈拥抱和亲吻一个孩子时，你又如何能真正做得到。没能像新丈夫设想的那样对待加布,朱莉开始渐渐感到越发愧疚、缺乏信心,并被丈夫深深误解。于是,这个孩子就不可避免地成了夫妻间持续不断的问题,朱莉也感觉到不被赏识、受伤,并且与她的配偶一样困惑不解。

一个丈夫，两任妻子

根据朱莉的说法，马修·奥尔布莱特是"像一阵旋风"走进她的生活的。这对夫妻是在一位两人共同的朋友家里初次相遇的，那时的她刚成了一名离异的单亲妈妈，心情十分悲伤，不仅是因为第二次婚姻破裂，还因为失去了自己挚爱的父亲。

"我们相遇了，四天之后，做财务咨询生意的马修就离开到科威特（Kuwait）出差去了。但是那时他在科威特还给我打了三四个电话！我感觉就像电影里演的一样——浪漫的部分。"她描述道，声音渐渐变得兴奋起来，"那个时候，他开着一辆大白车，我真的觉得这个个子高高、身材壮硕、长相英俊的男人是骑着一匹白马来带我走的。把我从一切的麻烦中解救出来。"

她笑了，仿佛是在笑自己的幼稚，但是之后又神情严肃地说："从某种程度上来说，他也的确做到了。马修处处对我关怀备至，对我的为人处世都饶有兴趣。我是怎么与女儿相处的，我们结婚的时候她差不多17岁了；我是怎么与他的儿子相处的；我是怎么办公的；

我会穿什么衣服；我们应该什么时候发生关系，或者说我对性有什么偏好，或是有什么不喜欢的？为什么不尝试别的方式？他总是对我的身体赞叹不已，说想要跟我在一起，想要相互依偎。他跟我一起逛街购物，买东西给我，珠宝、耳环……什么都有。他对我是谁，做些什么事情都有着超乎寻常的兴趣。有时候，这几乎是不可能的，但是大多数时候，是超乎寻常的。"她又笑了，神情看似愉悦又隐隐地透着不安。我等着她继续说下去，同时也在想她被如此精心地掌控着，真的觉得有多舒适快乐？

在随之而来的短暂沉默中，我透过一排面海的玻璃窗户望出去，奥尔布莱特一家的房子就坐落在一处岬角上，俯视着长岛海峡（Long Island Sound）。我看到在远处有几只下了锚的帆船在水中漂浮。之后，我又转过头看着马修·奥尔布莱特。让我惊讶的是，我发现他在用一种机警的，似乎有些怀疑的表情盯着他的妻子看。

"可是对我来说，这里的气氛还是过于紧张了。"朱莉说，她又一次直盯盯地望着我，避开了马修的眼神。"我知道，对他来说，也是过分紧张的，我希望……"她的话没有说完就深吸了一口气，又呼了出来。

她又开口了："我就是觉得越来越有必要让事情冷却下来，把问题变得简单一些。"她说着，声音变小了，还带着些歉疚的口吻，仿佛是在坦白自己做错了的事情一样。"我们经常打架，我觉得大多数争吵的主因——也是从来得不到解决的问题——还是有关如何为人父母的。在养育马修的儿子，做他的妈妈这一点上，我始终是没有底气的，因为很早马修就告诉我加布已经有一个妈妈了。他有一个非常尽职尽责、积极阳光的妈妈，住得也不太远。"

在我一开始了解这对夫妇的家庭史之时，我就得知虽然马修和他的前妻弗兰的婚姻破裂了，但她还是他们那家规模不大却十分成功的咨询公司的合伙人，并且还在与他密切合作。他们俩还经常时不时地一起出差，这是朱莉告诉我的。当他们俩看到我脸上露出了吃惊的神色时，还不约而同地大笑起来。朱莉告诉我，她和弗兰是好朋友。

"哪里写着说你跟你丈夫的前妻必须关系恶劣，或是老死不相往来的？"朱莉问，说着她把头顽皮地歪到了一边。她觉得他们的生活中有弗兰让她觉得很舒服，她又说了一句，同时还耸了耸肩。虽然她知道很多人觉得他们这种情况很奇怪。她还是很珍视与弗兰间的亲密友谊，并且认为她是一位难能可贵的挚友良伴。这两个女人——马修的前妻和现任之间似乎没有一点儿争风吃醋的样子。朱莉告诉我，他们三个甚至会一起出去度假。

我什么都没说。我在想最近一直在读的一本书，书中有一段讨论，是关于一些已经离婚却对逝去的婚姻紧抓不放的女性的。"虽然是单相思，"作者同时也是心理治疗师的桑德拉·卡恩（Sandra Kahn）写道，"虽然那个男人已经有了新欢，但是对他的爱成了一块已知领地。在这种情绪影响下，前任就获得了一种历史感，是过去让现在变得有意义的。"一直死守着这种情境,她不允许这段逝去的婚姻完全成为过去,也不让新的婚姻能够完全开始。新旧婚姻之间的界限没有清晰地建立起来。

"当然了,关键是马修……"朱莉又开口了,但只说了一半就停住了。她又从头开始说:"本质上,从许多方面来说,马修有两个妻子。"她叹了一口气,说:"为了弗兰考虑的话,我希望,她能遇到一个人,因为我觉得这样对她不公平……如果她真的再找了一个的话,我想我们三个人之间的关系会有翻天覆地的变化。"

马修皱了皱眉头,仿佛在思索着什么。"那你对这件事是怎么想的呢?"我问他。

他没有回答,只是眼睛直勾勾地看着他的妻子。朱莉继续说道:"弗兰的生活中应该有一个主心骨,那个人不是你。"

"是的。"马修说。

"但从某种程度上来说,你现在还是她的主心骨。"朱莉又说道。

她的丈夫盯着她,眼神中带着敌意。"我觉得许多的负能量应该消失掉,"他没好气地说,"敌意、嫉妒、猜疑和不信任。你这话说的,我觉得对我来说几乎就是一种挑衅。但是从我个人角度来说,我还是希望弗兰能找到她的幸福!"

这听起来可一点儿也不像朱莉之前描述的快乐三人组。马修·奥尔布莱特对于上次婚姻和现存婚姻所设定的界限显然是十分模糊不清的。但让新旧婚姻泾渭分明却是每一对再婚夫妻要完成的必要任务之一。奥尔布莱特一家的问题就是新旧婚姻间的界限几乎就不存在。离异的父母保持良好的关系是一回事，这对孩子的健康成长是很重要的，但是对于目前的这个案例来说，当说到那对原生夫妻的儿子养育问题时，非常明显两个女人之间存在着公开的竞争关系。同时，另外一些一目了然的事件也在激起正如马修刚才提到的"敌意、嫉妒、猜疑和不信任"。朱莉给我的印象确实是她感觉自己仿佛是在一段情感意义上的一夫多妻婚姻中扮演着焦虑不安的第二位妻子的角色，而第一位妻子仍然保有着至高无上的权力。

再婚妻子：身份模糊的人

加布的养育问题是奥尔布莱特一家目前情感关系中的负面因素，是夫妻俩的谈话中一个绕不开的话题。虽然马修可以口气轻蔑地评价朱莉的女儿，他却希望朱莉从一开始就能爱上她的继子。"与此同时，我还得知我并不是一位母亲。"朱莉冷冷地说道，"除了每两周当中会有一整周时间，我们会拥有加布的监护权。他的父亲常常到外地出差，有时还是跟他的前妻一起去的。可就算这个时候，大家也还是认为马修是父亲，弗兰是母亲，而我……我不知道，是一个身份模糊的人吧。但与此同时，我的行为又处在严密的审查之中，所以如果我有了任何管教孩子的行为或是对这个孩子说不要跟我顶嘴之类的话，我就会遭到疯狂的嘲弄和批评。"

"但我觉得你跟我说'我要你爱我的孩子'，同时又跟我说'不要过分投入'，这两个说法之间是自相矛盾的。这意思就是我得留意我嘴里吐出的每一个字——那就不是自然的情感流露了。总之，这就是我的感觉。是个局外人。我找不到进去的路。"她停下了，紧张地看着自己的丈夫，然后又"咯咯"地笑了起来，仿佛是有意弱化刚才所谈论到的事情。

我什么都没说。我脑海中想的是在这场激情四射、温情满满的婚姻所走过的 8 年中，对于再婚家庭的一个核心挑战——局内人/局外人之争，越发凸显得刻不容缓。

那时，朱莉看着我，眼珠子转了转，说："啊噢，你听到了吗？他现在发出了一大堆的声音。我们马上又要打起来了。"

我转过头，看到马修坐在椅子上，身体前倾，脸上的表情看起来不太妙。"现在我得说点儿什么了——我要豁出去了。"他说，"就说一个方面，一个棘手的方面。"他看起来的确很生气。他的怒火到底是什么时候点燃的，又是为了什么呢？

"噢，不，别这样。"朱莉轻声说。

我紧张地笑着，十分惊讶，也十分忐忑。对我来说，我们似乎在交睫之间就从平心静气的情绪中一下子跳到了气急败坏的阶段了。这次谈话很可能会朝着心理治疗师所谓的"失控"的方向发展，就是说互动突然间出现了负面的紧迫感，并有完全失去所有人控制的危险。

我直视着马修的眼睛，对他微笑，并且语气尽量平和地说："你是想回应朱莉刚才说的话吗，马修？因为你确实在发出些小小的声音，而且我觉得都能看到你耳朵往外冒烟呢。"

令我松了一口气的是，他也礼貌地对我报以微笑。但是之后他还是冷酷地重申了一遍:"我要豁出去了。"

"别那样做!"朱莉又说了一遍,边说边再次发出了里面蕴藏着不安的尖锐笑声。仿佛是在安慰自己一样,她开始用手梳理那头卷曲的短发。此后很长一段时间没有人说话,气氛紧张。随后,令我欣慰的是,马修换了个姿势,靠着椅子背仰身坐着,就再也没说什么了。

走入婚姻8年,奥尔布莱特夫妇俩显然是深爱着彼此的。在我们的访谈过程中,他们告诉我他们对于这段婚姻是坚贞不渝的。无论发生什么样的事情,他们都不会分开。可是,同样明显的是他们存在的一些主要挑战还都未得到解决,而且就像刚才朱莉神情落寞地说到的一样,他们情感关系中的冲突值是很高的。

"很显然,我们这段关系一定是需要处处留心、处处谨慎的,"马修在某个时刻若有所思地说道,"它不是那种你可以大大咧咧就顺利通过的情况。"但是,夫妻俩不能坐下来共同协商、制订计划来解决那些悬而未决的问题,比如,加布的养育问题和马修两次婚姻间界限不清的问题,那么奥尔布莱特夫妇俩就是完全没有理解或是根本不顾及另一方所处的位置,以至于他们伤痕累累,痛苦不堪。

局内人/局外人的两难境地

我们很容易同情朱莉，因为她被摆到了一个无助的位置。丈夫希望她能在他不在的情况下长时间地照顾加布，却不能摆任何母亲的架子，甚至是保姆的权威来执行自家的规矩（好像也根本没有规矩存在）。她被死死地挡在了血缘关系的外围，那个关系里只有马修、他的前妻和他们的儿子。

不太明显的是情感局内人所面临的可怕的两难境地，这位局内人对于温馨新家庭的所有强烈幻想都破灭了。马修一开始就笃定朱莉会一下子爱上他"完美的儿子"，而他们一起组建的这个家庭也会充满了欢声笑语，可以治愈上次离异所带来的挥之不去的伤痛。但是恰恰相反，他发觉自己要竭尽所能地去满足这几个人的不同需求——他的第二任妻子，他"天使般"的儿子和他仍然敬重和关爱着的前妻。

马修是主动提出结束第一段婚姻的人，因为，用他的话来说，这段婚姻"从性的角度上来说已经死亡了"，但是他却对他与弗兰之间关系的性质态度暧昧。他似乎常常不确定自己对于前妻——这位在他生活中还扮演着重要角色的人——的感觉,究竟是柔情款款还是歉意未消。很显然,他从没有能够把这段失败的婚姻完全抛诸脑后,而他的前妻也从未让他这样做过。

"其实,上周弗兰还打了电话说她要祝我周年快乐。"马修在我们采访的最后说道,"我问她到底指的是什么,她说:'就是今天。你不打算对我说几句祝愿的话吗?'我说,是的。我知道她的生日在周二。她说:'是的,就是周二。'还提醒我在24年前,我们就是在她生日的前两天相遇的。然后她说给我打电话就是要告诉我,我整整认识了她半辈子的时间。她说:'我想让你知道虽然发生了这一切——虽然一切都过去了——我依然非常在意你。我还依然爱你,依然珍惜着你我之间的关系。'"

"她还说了:'我现在非常快乐。'"朱莉冷冷地补了一句。

"是的,'我现在很快乐,生活很美好。'就是这样。"马修说道,他看起来一脸的迷惑和自责。在跟朱莉结婚8年以后,他还是陷在某些专家所谓的"生物力场"里。他努力想与第二任妻子打造新的情感关系,但却在第二次婚姻的合法需求和第一个家庭的生物体系所产生的强大引力之间被来回拉扯。

再婚后为何再次离婚

那是2009年的春天,在距离我们首次访谈12年后,我联系上了朱莉·奥尔布莱特,问她和马修是否愿意参加接下来的几次后续采访。我得到了一个始料未及的消息:朱莉犹豫了好一会儿之后,告诉我他们在8年婚姻之后又过了几年就离婚了。

朱莉在电话里的声音听起来很小,几乎是飘飘忽忽的。她说她觉得很冷,这次的离异对她而言显得很不真实,但是,她非常愿意跟我谈一谈。马修现在在国外生活,在不久之后将会回到美国做短暂停留,她敢确定地说他也会愿意接受采访的。

我们在我位于康涅狄格州哈姆登市(Hamden, Connecticut)的家庭办公室见面了。朱莉到来之前,我翻阅了我们早先的采访记录,被夫妇二人口口声声对这次婚姻矢志不渝的断言深深震撼——无论发生什么事,他们都绝不会分开的。我也记得他们身为夫妇之时的甜蜜,他们之间萦绕着激情与亢奋的气息,虽然他们之间确实困难重重,但我还是相信这些强烈、积极的情感会最终帮助他们打造出更为融洽，而非硝烟弥漫的家庭氛围。

那天是周六下午，朱莉来了。她打扮得很休闲，几乎算得上随意，就穿着一条紧身牛仔裤，套着一件浅蓝色的卫衣，一边袖子上还有一个飞蛾大小的破洞。她将那头柔软的卷发扎成了一个蓬松的马尾，有些头发已经灰白了。我得知她现在在康涅狄格州郊区的一家有名的私立高中里担任心理咨询师，她自己的家在韦斯特波特（Westport），这是离婚时财产分割的一部分。

"所以，"我开口了，同时俯身打开了我俩之间的矮桌上摆的一个录音器，"告诉我发生了什么。"

"告诉你发生了什么？"她反问道，深色的眼睛睁得大大的，仿佛是我提出了一个极度令人震惊的请求。她没有回答，只是看看我，仿佛迷惑不解。

我决定后退一步，问她在我们最后一次见面之后那漫长的几年中，他们夫妇的情感究竟发生了什么变故。我微笑着说："你们那时候看起来是很性感的两口子。"

"我们看起来性感吗？"她问道，然后自己给出了答案，"的确如此。那时我们确实性感。我们第一次相遇时，就立刻被彼此深深吸引了，那是一次我俩事先都不知情的相亲，当马修走进来的时候，一切就像焰火一般。我不由自主地爱上了他，他也不由自主地爱上了我——或者至少看起来是这样。是的，他是个非常性感的男人，我也是个看起来很性感的女人——但是基本上来说，我有很多的顾虑。"

那时，朱莉说，她刚从第二次婚姻中恢复，那次婚姻由于了无生趣的性关系给她造成了很大的创伤。她的第二任丈夫几乎从来不想发生性行为；马修正相反，一直都想要。"你别忘了，他是经常出差的，但是只要他在家，我们就每天发生关系。对我而言，那太频繁了，但是我也没说什么。我被他迷住了，我觉得他是如此英俊，如此伟岸。大多数时间，他都把我当成公主一样。"

她凄凉地笑了。她说那时她已经从一个妇女运动的积极分子变成了一个小布娃娃，不断地收到名牌服装、珠宝、昂贵的香水，经常到异国度假。"马修生活在用一吨吨的钱堆出来的华丽世界里，而我也成了某种意义上的共谋者。我对这种生活完全缴械投降了。"

可是，他们在婚姻生活延续过程中也一直在打架，"我们总是不断地在打架和做爱。"朱莉说着悲伤地耸了耸肩。

随着他们的年龄渐长，她更年期的生理症状变得越加明显，他们的性关系——也是他们情感关系的核心因素——成为矛盾的来源。"我阴道干燥，发生关系的时候很疼。同时，马修也开始有勃起方面的问题。当然，他那个时候在吃很多种不同的药物，我现在知道了——可我那时候不知道——那些药物也会导致勃起方面的问题。但是他就是怨我。他说他勃起的问题是因为对我没兴趣了。"

在那段时间，他们从海边的那所全是玻璃窗户的大房子里搬走了，那是马修在遇到朱莉前不久建的。朱莉现在回想起来，在他看来，那个家是他成功的标志，是一个他想住一辈子的地方。但是她觉得那里总是冷飕飕的。在加布14岁离家去上寄宿学校，马修又经常出差不在家的时候，她觉得非常寂寞。

"还有，那所房子是给六尺四寸高的人建的，而我只有五尺三寸高。那就是说我伸手是够不着柜子的，我坐在马桶上的时候，两脚是够不着地板的。所以，最后我们在韦斯特波特又买了一所漂亮的旧房子，我很喜欢那个房子，但是马修非常生气，因为他失去了他大大的样板房，我想他那时从来都不曾原谅我。从那所房子里搬走对他来说是一种伤害，他深深地受伤了。"朱莉的声音听起来是深感懊悔的。

另一个问题是从一开始就存在的，她说，那就是马修的儿子——加布。只要是他们三个人都在的时候，房间里就气氛紧张。"加布很快就成了我们婚姻中夫妻情感交融的一个不可逾越的障碍。他希望我爱这个孩子，却不能有凌驾在他之上的权威，对他的行为也不能发表任何的意见。我想马修经常在挑剔我，说只要他儿子在的时候，这个家里就是'天气阴沉'。我们从来都成不了他希望我们能成为的那种家庭，我也知道他是很失望的。"

"还有一件我要说的事是马修从来没有保护过我。他从来没有支持过我——跟加布在一起的时候没有，跟他前妻在一起的时候没有，跟任何人在一起的时候都没有。即便是我跟一个朋友有了分歧，他也不会站在我这一边的。从来不会，"朱莉又说了一遍，"从来不会。"

那是什么最终让这场婚姻分崩离析的呢？我又绕回了起初的那个问题。

朱莉现在愿意回应了。她平静地说，"我们是在 2006 年的 1 月份离婚的。在那之前，我们去巴黎过了我 54 岁的生日。马修、加布、我的女儿、女婿，还有我。我们在那儿发生了什么呢？——这是个很奇怪的故事。就在那次度假中，马修完完全全变了一个人，我甚至都不敢深究——我觉得在婚姻中发生那样的事让我觉得很糟糕。"

她脸上乌云密布，停下不说话了。我什么都没说，就是满怀同情地看着她，等着她。

当朱莉又开口的时候，她的话有些颠三倒四。"在我生日之前的两周，他刚满 61 岁。我们都觉得我们走到了悬崖边上，在去巴黎的航班上，我们谈了可能要分开的事情。但是当我们到了巴黎之后，他好像疯了一样——毫不夸张地说——完全变了一个人。他把整个衣柜里的衣服都换成了前卫的，波希米亚风格的，他还买了非常昂贵的小帽子、破洞牛仔裤和金链子。"

我忍不住笑了："换句话说，就是青少年的打扮。"

朱莉也对我报以一笑，还摇了摇头，仿佛在说她也知道，一个 60 多岁的男人有这样的行为是很荒唐的。"完全就是青少年打扮，"她说，"他开始泡酒吧，直到凌晨 3 点，有时候还到 4 点。有时候只有他自己，有时候跟他儿子一起去。"

我问她那时候加布有多大，朱莉说他那时 23 岁。"等我生日到了的时候，马修根本就没想起来。没给我买任何东西，连块手帕都没有，好像就只有他一个人在巴黎似的。他不在酒吧的时候，就在星巴克里开着电脑，谈生意，然后就是打电话，他一直都在打电话。"

我点了点头，仿佛在说我明白了：马修精神上已经出轨了，开始当她不存在一样。同时，我又想起来朱莉曾经说过马修对跟她有关的一切都是有极度的兴趣的，跟她一起逛街，给她买"珠宝、耳环、香水什么的"。而在那次生日出行中，他很明确地表明了他毫无兴趣。

让我惊讶的是，现在朱莉说虽然那次旅行一开始她对马修怒气高涨，并且也想过要分开，她却很肯定她一定会在那里度过美妙的时光。

美妙的时光？我觉得很不可思议。她仿佛看穿了我的想法，又继续说："我们在那儿租了一套漂亮的公寓，景致很好。孩子们——我女儿和女婿，也在那儿。我们去博物馆，我们做一切的事情，但是很奇怪，虽然你不太了解马修，但是你一定记得：他会特别卖力地给我制造惊喜，给我买东西，夸张到可笑的地步。而那时，也同样可笑的是，他完全背道而驰了。"

她停住了，看起来仿佛是这段回忆又惊到了她。我问她马修有没有陪她一起去博物馆和观光，她摇了摇头表示没有。加布也没有去，大部分时间他都很疏远很懒散，就会在公寓附近闲逛，无所事事。

这次旅行后不久,她和马修就分开了。这事是还在睡觉的时候就突然发生了,"我们从巴黎回来,我的女儿、女婿待在一处我名下的小房子里。马修告诉我他要去曼哈顿完成两周的训练——他之前就开始修一些电影课,作为业余爱好——以后他打算跟他的伙伴待在一起。我那天早上很晚才下的楼,大概是9点左右,我女婿走进屋子,他用一种很滑稽的口吻说:'你知道吗?妈妈,我今天起得早,看到马修在往车里搬东西,所以我就给他搭了把手。他拿走了很多东西,对于一个就离开两周的人来说,那太多了。'于是,我突然之间想,啊!真的,我就在厨房里走来走去,嘴里就一直这么啊啊地喊着。我那时才明白发生了什么事……他走了。"她的声音又降成了那种小声的、惊恐的调子,就像我在电话里听到的那样。

"所以这并不是你们俩共同达成的决定。他没跟你说就走了。"我说。

"没有,他没跟我说。不用说,我惊得魂都没了。而且奇怪的是,到了今天,我还在纠结的是——尽管我在许多方面都很明白为什么我们会分开——但我还是不能相信我们分开了。"眼泪在她眼里打着转,然后她又把泪憋回去了。

现在,她生命中的这一整块儿都消失了。加布,那个她曾花了大量时间去照顾的继子,已经长大并离她而去了,他成了一名律师,在纽约工作,但是从来没给她写过信。"我想他跟我们的婚姻破裂有着直接的关系。但那不是他的错。但是我想就算我和马修还有机会重新在一起的话,这种可能性也会因为他而不复存在。"

"那是为什么呢?"我问道。朱莉的脸僵住了:"因为马修把他高高地供了起来,他觉得他儿子就是个神,比任何人都要重要。在我们婚姻持续的那些年,也都是如此。我想加布那个时候对我还是有些感情的,当我们在一家餐馆吃晚餐的时候,我们告诉他我们要离婚了,他还哭了——但自打那儿以后,他就消失了。他从来没给我打过电话问我过得怎么样,同样,他之前跟我女儿莱斯利很亲密,但是去年他好像只给她打了一个电话。"

"你一定很受伤。"我平静地说。我脑子里想的是,尽管马修的儿子已经从家里搬走了,但他强大的、决定性的影响力还在。

"真的很痛苦,我没法告诉你。痛苦的是我的一整段人生,差不多快20年的时间,就这样全部消失了——呼!"朱莉噘起了嘴,仿佛在将一个泡泡吹到空中,"加布从我生命里消失了,马修的前妻弗兰从我生命里消失了,马修也基本上从我生命里消失了。虽然我们还时不时地打电话,但是他现在住在阿姆斯特丹(Amsterdam),至少目前来说是这样的。没有人跟我女儿说说话,虽然当我跟前夫在一起的时候,她被视为这个家庭的一分子整整18年。"

我得知马修的前妻弗兰现在已经再婚了,两个女人之间的友谊也早就烟消云散了。"当她听说我们分手了以后连电话都没给我打过一个。"朱莉的声音听起来很落寞。她告诉我,她的父母现在都已经去世了，她唯一的姐姐也已经不在了。

她沉默了一会儿，然后说道："我还是接受不了现实，没办法觉得那是真的……他们每一个人，都离我而去了。"她看起来就像是个被遗弃的人一样，一个站在瓦砾堆里的人，孤身一人。

没有权威

在我早年对奥尔布莱特夫妇的采访中，夫妇二人都明确地意识到了他们存在的困难，并且公开地对他们的相关分歧剑拔弩张。朱莉努力尝试让她的丈夫明白自己永远都做不到最好有多么沮丧——一个从来不被允许在继子身上使用母亲权力的"母亲"，因为他"真正"的母亲就住在不远处，而她才是那个拥有绝对权威的人。但是从始至终都没有效果。

马修，深受"一见即深情"的错误想法的影响，在一提到加布的时候，就会变得咄咄逼人。他觉得那是朱莉个人的失败，没有立刻和他站在一起努力营造他在他们恋爱的浪漫期所幻想的那种完美家庭，他觉得她是玩弄了他，没有完全顺着他的意愿去行事。

他们的问题在咨询了一位有名的家庭治疗师之后愈加恶化了。那个人并未正经学过继亲家庭动力学，那位治疗师建议朱莉将所有为人母的职责都留给加布"真正"的母亲，这样很显然朱莉在家庭中就没有角色可以依凭了。这对于一个饱受这种沮丧和迷惑困扰的再婚家庭并无帮助。

"那位出色的家庭治疗师彻底把我废了。"朱莉现在说,"马修在场的时候,我是从不被允许对他的儿子施展任何权威的。当马修不在的时候,其实我们俩处得挺好的。但如果马修在场,我们俩反而出现了分歧……"她思路纷乱。

我笑了:"那错的一定是你。"

"你说得对极了!马修也不会搅和进来。他会说,这是你们俩的事,跟我没关系,你们自己解决。所以在那位心理治疗师建议了以后,整件事情就注定了。"我停下来,想了想她这近20年来,一直走在由血缘连接的亲密系统的外围,这该有多艰难啊。

我很困惑,考虑到加布现在已经长大了,从家里搬出去了,为何还对他们的婚姻有如此大的影响力呢。当我向朱莉问起此事时,她耸了耸肩说,也许那是因为她和加布之间的情感关系一直很幼稚,从来没有真正升华过。这让我开始想,是不是朱莉在为人母的这一积极角色上被"废"了之后,在她眼中,他们俩仿佛成了假想的同胞手足,一个会与她竞争和霸占丈夫关爱的人。

那时,朱莉深深地叹了一口气,仿佛是一段辛酸的回忆触动了她。"马修2月份从阿姆斯特丹回来过,他就住在我家旁边的小屋子里,我们度过了美好、愉快的3天。外面下着雪,我们待在一起真的很温馨。我们没有身体上的接触,但是我必须说,"她犹疑了一下,"当他走进房间的时候,那感觉还在——我们之间的化学反应。我想他也有这样的感觉,但是去想那样的事情还是太危险了。"

她耸了耸肩,仿佛是在打消这个念头。"还剩下的是温暖与柔情。我们已经离婚了,但他就住在隔壁,我们就在一起度过了美好的 3 天时光……"她的声音渐渐低下去,然后,她又闷闷不乐地补了一句,说在最后一天,他俩又狠狠地打了一架。"我们那时正坐在达连湾的一家餐馆里,马修说他打算去文个身。我说:'噢,那很酷。你打算文什么图案?'他说他打算在手臂上文个'加百利'(Gabriel)(加布的正式名)。我大吃了一惊,因为对我而言这象征着我所经历的一切痛苦。"

"我对他说:'你了解过这世上千千万万种事物,65 年来经历过各种各样的事情,在这些事物中,那个你打算在身上刻的就是这么一个名字吗?这一切都很清楚了,根本就是没有留给我的位置!'"她的声调飙得很高,里面充满愤怒——一个怒火中烧却无能为力的局外人的声音。

这很奇怪:即便是在离婚以后,她还在继续竞争着前夫心目中"第一"的位置。很显然,奥尔布莱特夫妇之前从未解决过关于加布的矛盾,他们在共同生活的 18 年中或明或暗地在搏斗。而在巴黎,原来的生物系统最终完全将她从圈子里推了出去。

不断下行的财务螺旋

朱莉的个人财务状况在 2008 年的经济大萧条中遭到剧烈的颠覆,"我亏了很多钱。几乎失去了一半以上的身家。"她灰心地告诉我。

靠着在学校担任心理咨询师的工资贴补,她还是能够维持家用,过着相对清简一些但是还算舒适的生活。她个人的投资组合——在离异之后就与她的前夫划清界限了——倒是比他的要更多元一些,所以在股市断崖式暴跌之后,她的处境还是比马修要好一些。

"但是那时马修已经放弃了跟他前妻一起合伙的生意,他跳槽到了一家很有名的财富管理公司。那里的人很喜欢他,他很快就一路高升,在最短时间内成为公司的负责人之一,是他们眼中的明星人物。所以,在2月下旬,他给我打电话说:'我们今年会赚到一大笔钱,多到难以想象。'而就在一个星期之后,他又给我打电话,告诉我他被开除了。我说:'什么?'他说他已经被开除了,并且是被架着赶出公司大楼的。"

朱莉不知道究竟发生了什么。我问她马修那时和现在的财务状况,她说那时他的财务状况一直是没有问题的,因为他得到了一笔数目可观的遣散费。"但你很可能记得他是个什么样的人——一个豪赌者,一个大风投。当经济萧条来临时,他可能已经把绝大多数的资产都投到股市里炒杠杆。百分之百是这样的。他彻底垮台了。"

马修现在在阿姆斯特丹和几个荷兰朋友一起租住一套公寓,在走之前,他还是继续住在他位于派克大街的公寓里,一边付着每个月3500美元的租金,另一边领着失业保险。当我问到朱莉他是怎么为生的时候,她耸了耸肩,扬起了双手。

"我想,是靠失业保险吧。他现在也没钱。我不知道他在夜深人静、头脑清醒的时候，会想些什么，可是看起来他似乎一点儿也不担心。我经常跟他通电话，他说话的口气，仿佛只要他想找个工作，他随时都可以找到似的。可是谁会雇他呢？虽然他已经65岁了还被炒了，然而就凭他这样一个资历辉煌的出色销售人员，还是能找到一份好工作的。然而随着经济萧条的不断持续，现在没有人会雇用他那样的人了。奇怪的是，他好像一点儿不担心。"

听起来担心的人是朱莉，仿佛她还更关切。他俩之间的情感关系是痛苦的，而她一直觉得自己是个被挡在门外的局外人，但仍然清晰的是，她还没有从这段婚姻中走出来。

房　子

几周之后我见到了马修·奥尔布莱特，他没有穿着波希米亚服饰，也没有搭配大金链子。之前朱莉的描述本来让我颇有期待的。相反，他穿着一件普通的中间一排纽扣的白衬衫，还有一条干净的牛仔裤。那时是6月初，65岁的马修（离我上一次见他已经过去整整13年了）还是个颇为英俊的男人——个子很高，在我这个天花板矮矮的房间里显得很伟岸。他胖了不少，尤其是肚子，太阳穴周围的浅棕色的发际线已经微微后退了。但是，他还是个富有魅力、神态极度松弛的人。

我意识到，我在心中预想到的他的变化会比现在的要大，毕竟他经历过那些经济逆境。在我们的第一次采访中，他是个富有的男人,住在位于康涅狄格州海岸边灯火辉煌的豪宅里。现在的他(至少据她前妻所知)是个真正意义上的穷人,在异国他乡努力开始新的生活。这对我而言是个年轻人的游戏,而不是一位60多岁的老人要开始着手干的事情。

我在采访开始时问了马修那个我之前问朱莉的问题:"发生了什么?"在那么多年的共同生活之后,到底是什么摧毁了他们长久的再次婚姻?

他盯着我看了一会儿,然后说道:"我走到了一个节点,我觉得我的生活了无生趣。我觉得我的生活就要完了。"

我大吃一惊:"你是在结婚第几年的时候开始有这些感觉的?当我第一次采访你的时候,你们的关系还是非常积极蓬勃的。"我想到了他们那时的信誓旦旦,说这场婚姻会永远延续下去。我等了一会儿,才继续说:"外表是具有欺骗性的。"

他不太接受我说的最后一句话。"不,我觉得的确是积极蓬勃、令人兴奋的。它也一直是反复无常的。一直如此。但我想是到了当我意识到朱莉不喜欢那边那栋房子的时候,问题才算是扎了根。那房子不适合她,她真的很不开心,但那房子对我而言真的很特殊——可能是我这一生中最具有创造性的东西了。我差不多就在房子刚完工的时候遇见了她,但是时长日久,她就逼着我搬了出去。现在回想起来,我对这件事情真的感到很受伤。"

"她为什么不喜欢那栋房子?"

马修的左脚开始上下抖动，在我前几年的印象里，这是他急躁的一个标志。"它不够温馨。"他在说"温馨"这个词的时候带着明显的嘲讽口气。之后他又说，那栋房子房贷很高，而他那时跟前妻弗兰的咨询生意也不太顺利，总是起起落落的。但最重要的因素是朱莉不高兴，"她想要温馨，我想要讨好她。所以我把那房子挂出去卖了。"

有一天，负责这栋海边豪宅交易的房产中介给马修打了电话，告诉他有栋维多利亚时期的老房子第二天就要放到市场上卖了。"我去看了看房子，"他说，"那就是适合朱莉的房子，所以我买了，还打电话告诉她，我刚签完了合同。她来了，一下子就喜欢上了那个地方。这对她来说十分完美——非常气派而具有年代感的地方。这座房子建在山上，但事实证明，这地方的问题多得数不过来。它设计得毫无道理：全是很小、很小的房间，并且光线很差。不开阔，不明亮，不亮堂——正好相反，黑暗狭小。为了讨好朱莉，满足她的需求，我对自己的喜好熟视无睹。"

更让他狼狈不堪的是，在他们入住的第一天晚上，他就从楼梯上摔了下去。楼梯的台阶要比他在海边建的那所大房子的台阶狭窄多了。现在，马修抖腿的动作越发变得持续不断，声音也更大了。

他说朱莉住在海边豪宅的第一天，就感到怅然若失，而那时，他的感觉也正是如此。"她就是不断地跟我叨叨，说我们得把海边的房子卖了，我们得把那儿卖了。"他说着，声音里充满了愤怒。

我问他，在他们买了那所"温馨"的房子多久以后，他们的婚姻才宣告结束的。

他想了一会儿，说大概是六七年以后吧——跟他与弗兰结束合作关系的时间差不多，"我结束跟弗兰的合作是因为生意经营得不好，朱莉已经明显感到不快了。"他说。在马修看来，在他所做出的许多错误选择面前，朱莉都是始作俑者。

"我原以为你的第一任妻子是她最好的朋友之一。"我说。

马修短短地笑了一声，声音里全是讥讽："从来就不是什么最好的朋友。"

"这个我们在之前的访谈里聊到过，说她们是好朋友。"我挑起了眉毛说。

马修耸了耸肩："你这么说我是相信的。但是我想说，事实上，她们从来都不是真正的朋友。"他的嗓音里仿佛传达着，无论朱莉曾经是怎么想的，这两个女人之间根本就不存在什么真正的友谊。

紧要关头

虽然将海边豪宅售出令奥尔布莱特夫妇的关系急转直下，但是在那之前发生的一件事情其重要性却更为彰显。马修说："另一件我想说的事情是，在我们结婚之前，我成功地说服弗兰，由我和她一起享有加布的监护权对大家都好。"

"朱莉的女儿那时已经成年了，她愿意再照顾另一个孩子吗？"

我问道，然后又加了一句，"她参与了你们的决定吗？"

马修的脸色略微红了一下："不，没有——大体上没有——这就是我们争论的大焦点。"

我说我之前就觉得这是他们之间的大矛盾点，因为马修是需要经常出差的。"毕竟，在你不在的时候，她就成了那个要负责照看孩子的人了。"

马修停住了，然后说他现在也意识到了，没有让朱莉知晓她即将要承担起监护责任这是不对的。"我们刚结婚的时候，说好是我在每个星期三以及每隔半个月的周末会见到加布，但是基本上他是跟着他妈妈一起生活的。但是弗兰在我再婚之后又跟我详谈了一次，我们双方决定——共享儿子的监护权。朱莉在任何方面影响过我们的决定吗？我会说没有，时至今日都没有。那是我的决定。我是不会让任何人影响我所作的决定的。"他的声音里透着一股目中无人的霸道口吻。

"就算是你的新妻子也不行吗？"我问道。

"谁都不行。"他斩钉截铁地说。

"换句话说，你作为人父的角色比你身为丈夫的角色更为重要对吗？我一直听你是这么说的。"

"是的，时至今日我仍然觉得如此！回想起来，我可能会做不同的事情，但是就感觉来说，我一直如此。"

我点了点头，说事态如此发展无疑是十分棘手的——在一个人毫不知情,未收到任何预警的情况下就得照顾对方的孩子。"你现在也一定看到这一点了。"我说。他同意地点了点头。

"所以这个安排,就像房子的问题一样,是你们争论的焦点。你说当碰到了那些你觉得无法解决的问题的时候,事情有好几次都一度发展到不可收拾的局面?"

马修沉默了一会儿,然后将两只手放在一起搓来拧去。他说回忆这些事情是十分痛苦的,因为从某种程度上来说,他还爱着朱莉,并且认为他会一直爱下去。然后,他清了清嗓子。还有一件大事,他说——一件在他们婚后不久就浮出水面的事——他的新妻子对于他老是出差感到很不满意。

我问他有多经常出差。"应该是很频繁的。"他承认。有时候甚至是每个月出去两到三个星期,"大概就是周日走,周四回来这样的。"他老实地说。

我笑着说,他所谓的共同监护权就意味着要肩负起共同监护责任的其实是朱莉,因为他经常不在家。"你意识到将会发生什么事吗?"我问他。

他犹豫了,脸上露出不适的表情,说他和弗兰拟订的出差计划是保证一方家长不在的时候,另一位要留下来。"但是我们俩同时不在的情况也不少。我是说出差。"

"所以那时负起监护责任的是朱莉?"

他耸了耸肩,没说什么。

"所以在朱莉负起监护责任的时候，能享有保姆所享有的权力吗？比如说，我们家有这样那样的规矩，在亲生父母都不在的时候，她可以执行这些规矩吗？她的待遇是这样的吗？"

他迟疑了："你问了一个好问题。我不想为自己辩护，因为局面确实是一团糟，打理得相当差劲。开门见山地说，朱莉想要扮演的是一位母亲的角色，而不是一个保姆。"

我不是很明白他对这两种角色的着意区分。在我看来，保姆就是在父母不在的时候，负责照顾孩子，并经过父母亲的授意享有家长权威的人。我如此这般地对马修说了，为了缓解紧张气氛，我说的时候还特意带着微笑："保姆是不能管理孩子的，我这个理解有错吗？"

"没错。"他没好气地回答。

在我们彼此沉默了许久之后，我问他，朱莉对待他的儿子是否会反复无常。

"这个我得猜猜。"他慢慢地回答，"不会的。我觉得你不能永远把这个词用在她身上，他们处不好是因为加布不喜欢她。在他那个年纪这倒不是什么大事，加布在学校里表现很好，是个好学生。"

"可是他却要跟一个他不喜欢的人一直待在一起。"我指出。马修同意地点了点头，说他是在很久之后才意识到这一点的。

我的想法是在朱莉·奥尔布莱特进入这个家庭之后，这个家的旧生物系统却没有松动半分，因此，她从来没有真正成为过这个家的女主人。虽然在之前的访谈中,她呈现出了种种的错觉(马修对她经久不衰的依恋,她和弗兰之间的闺蜜情谊),我现在才明白,在这个家庭当中,她永远是那个不被信任、不被喜欢的陌生人——远比她自己知道的要多。

虽然他们俩在一起那么长的时间,虽然她的前夫仍旧对她感情深厚,马修却从来没有深切地感受过处于她那个局外人位置所带来的寂寞与轻忽。

加 布

很难忽视的是 7 岁的加布·奥尔布莱特在朱莉走进了他的生活之后所遭受的真正损失。离异家庭的孩子由于原生家庭的破裂而内心深受震动,他们心中一直存在着父母能够重修旧好的幻想。这样的幻想在所有的现实可能性都消失殆尽之后依然持续存在着,无疑,马修的再婚对于这个孩子最深刻、最炽热的念头而言,是沉重的一击。

在这个关键性事件之后,共同监护权的达成让孩子能频繁地离开自己母亲的家,而转到继母的照顾之下,这种环境的改变正如他所经历的一样令他不快。这项新安排更为雪上加霜的一点是轻声告诉这个年纪小小的孩子,朱莉并不是他"真正"的妈妈,他不必听她的话。加布仅仅是在父母出差不在的时候,频繁地跟她拼住在一起罢了。

现在,这么多年之后,在这对再婚夫妻已经分道扬镳之后,再讨论这件事情已经没有什么实际的意义。但是,我却惊讶于朱莉和马修之间似乎还在深深地彼此依恋,他们的婚姻处于藕断丝连的状态,在我们的采访进行过程中,马修深深地叹了一口气,然后说:"真是可笑,当我走进那所房子的时候,我又好像再一次爱上了她。就是这样的感觉。我是说,我还喜欢她。"

我仔细地思考了朱莉说过的话,大意是从某种程度上来说,加布是造成他们婚姻破裂的根源,也是她和她的前夫无法再度复合的主要原因。所以我用试探性的口吻问了马修,"在你和朱莉重修旧好的可能性上,那些不利的因素里有跟加布有关的吗?加布还会是你们之间争论的焦点吗?"

这个问题似乎把他吓了一大跳。"加布已经28岁了。"他说道,仿佛认为我的问题是极其滑稽可笑的。

"一个28岁大的孩子仍旧可能成为一个问题。"我轻柔地回答,"但是你并不觉得会是个问题,对吧?"

这一次马修停下来,仔仔细细地考虑了一下。"如果我现在给他打电话说我打算跟朱莉复合了,他的第一反应应该会说:你不是认真的,对吧?我应该会说:不,我非常认真。而他会说:好吧,我想你自己知道自己在干什么。"他又停住了,久久没有说话,然后马修接着说,"在我思考这个问题的时候,加布就会一下子出现在我的脑海里,我会想象他会作何反应,怎么说。"

"我听你的意思是说,你觉得他不会同意,觉得你这么做简直像个浑蛋。"我说。这句话本身就是一个问题——一个让他长久沉默的问题,他的沉默本身就是无形的回答了。

对一对还爱着对方的夫妻而言,令人好奇的是,到底是什么基本性错误和误判导致他们婚姻破裂这个令人神伤的结局呢?很明显,养育子女的任务挑战,在侵蚀夫妻关系的基础方面扮演至关重要的角色。一想到跟朱莉重修旧好,马修就立刻想到在自己的儿子面前会有多尴尬,而朱莉自己则确信加布是他们和好的主要障碍。

从相当程度上来说,我觉得之前为奥尔布莱特夫妇提供咨询意见的那位家庭治疗师给他们创设了一个不可逾越的难题,也是一座坟墓。这位心理医生,虽然在家庭治疗领域是个领军人物,但很明显她头脑中运作的是初婚家庭模式。她似乎对于如何处理再婚家庭中一定会遇到和把握的那些复杂的事件和挑战,一无所知。她的建议——在管教加布方面,朱莉是没有任何发言权的——将这位第二任妻子降级成了那样一个角色,我们不如把她形容为"马修履行了结婚手续的情人"。

如果,在朱莉婚姻存续过程中的这些年,她一直觉得自己像个"身份模糊的人",一个多余的人,那是因为她从未被真正许可融入这个家庭圈子。虽然离异了,但马修和他的第一任妻子弗兰才是这个家庭图景里唯一的父与母/成年人,也是他们的儿子所唯一认可的权威。因此,再婚家庭的核心挑战是让局外人走进去,走到新组建的家庭系统中，而这一挑战也是再婚后的奥尔布莱特夫妇没有通过的。

从未有人要求过加布将他的忠诚从弗兰转向朱莉。所以在那一点上，他很可能没有受到什么冲击；但是从另外一个方面来说，他的痛苦和损失还远远没有被完全地表述出来。他挚爱的父亲在我们的最后一轮采访中告诉我，加布从未真正地喜欢过朱莉。这对爱意满满的父母竟然花了一生的时间才发觉他们儿子的真实所感吗？如果他们一早就知道如此，那他们为什么又在那么长的时间里将加布交给朱莉照顾呢？

至于另一位母亲的挑战，很明显，马修的第一任妻子从未退出家庭舞台。虽然弗兰对前夫马修的爱显然是种单相思——当我们第一次采访的时候，他已经再婚8年了——柔情蜜语的马修似乎仍然是她情感的重要指向。弗兰对于马修仍然有深刻的情感，证明了她在过去时个人存在的合理性，还为她现在每日的日常生活赋予了意义。所以，她成了朱莉口中说的"新的最好的朋友"，加布的另一个母亲（真正的母亲），她在这对软弱无能的再婚夫妇之间的核心位置上扎下了自己的营寨。

第二章

与初婚家庭截然不同的结构模式

再婚家庭与初婚家庭的不同之处就在于基本结构——生活的蓝图不一样。想试图拿着初婚蓝图寻找再次婚姻中的出路，这会让你常常觉得满心困惑，没有方向。

初婚夫妻创建的共同基础

一对男女的再婚怎么会和建筑有关系呢？根据帕特丽夏·佩培瑙——这个模式的创始人、美国最杰出的继亲家庭动力学的专家之一的说法，这个问题的答案现如今是众所周知的了：再婚家庭与初婚家庭的不同之处就在于基本结构——生活的蓝图不一样。虽然不是所有的再婚都能被整合到一个模式中，但绝大多数的二婚或是多婚还是能适用这一模式的。而且，当再婚婚姻出了状况，了解一下这种重要的模式是十分必要的。

首先，在对于了解再婚夫妻所面临的具体挑战上，这里是没有什么明晰的理论框架的。其次，同样重要的是，这种模式可以用一系列建立在研究基础上的策略（有些策略是违反直觉的）进一步加强，这将给再婚夫妇们提供宝贵的意见和建议，为因为再婚而走到一起的新家庭中的所有成员营造出一个舒适、包容的空间。

深受这一模式提出的五大主要挑战的其中一项甚至多项困扰的再婚夫妇，应当如何切实地去解决这些障碍呢？为了回应这一问题，我们要先看一看完整的初婚家庭是如何开始的,并且随着时间的发展如何进展的。

我将用一对典型夫妇作为例子加以阐述,他们的名字是珍妮·布莱克斯里和比尔·布莱克斯里(Jenny and Bill Blakeslee)。他俩结婚时,都是快30岁的年纪。正如所有的婚姻一样,他们的婚姻必然带来一个巨大的转变,包括两个人早先单身时代所有的情感关系。现在,这对新婚夫妇将着手营造一个他们共同参与的特殊私人领域。

可以肯定的是,这对夫妇中的任何一方都是带着不同的个人经历走进婚姻的。两个人成长的不同家庭文化已经给他们灌输了特定的观念,在他们的心里烙下了不同的信仰。虽然夫妻俩的某些价值观、信仰和宗教习惯上有共通之处,但是他们的观念和偏好也不可能严丝合缝地完美匹配。比如说,珍妮喜欢沙滩和大海(她的家庭常常出去度假),而比尔更愿意在山中徒步旅行(他每年夏天都在营地里远足)。夫妻俩都要迁就另一方珍视的观点、偏好。如果事情进展得顺利,双方都没有试图强压另一方接受自己的观念,坚持两个人要按自己的方式行事的话,他们的新度假目的地很可能包含着双方的妥协——比如说,先漫步穿越弗吉尼亚州的蓝脊山(the Blue Ridge Mountains of Virginia),最终来到北卡罗来纳州(North Carolina)的海边。

随着对布莱克斯里夫妇婚姻访谈的不断深入,从床边聊到早餐桌,从工作聊到休闲娱乐,他们俩——有意无意地——会磨合出一套令双方都满意的行为方式，也就是说，建立共同的基础。这就是这对夫妇自己的文化，他们所构建出的行为准则。这里面有几十条不言自明的，双方都许可的默契，从"你会在另一半用餐之前就开始吃晚餐吗？"到"你在洗完澡之后会怎么处理毛巾？"到"什么样的情感亲密度和什么样的距离让你感觉舒适？"

在整个过程当中，这对夫妇都在建立属于他们自己的独有领地——在他们的情感关系所打造出来的私人文化之下，待人接物的方式。天长日久，布莱克斯里夫妇就会冲破双方各自的差异性，让他们的共同基础不断地延展，就像一堆慢慢累积起来的小沙丘。

显然，初婚配偶和再婚夫妻之间一个巨大的差异，就在于初婚的布莱克斯里夫妇有一段只属于他们俩的时间来慢慢创建角色、规则和仪式——并消除差异——这一切将成为他们编织二人小世界的经纬线。他们的初婚经历与那些扮演继母角色的人完全不同，他们经常震惊地发现自己被猛推到了一种她完全陌生的家庭文化之中——在这种文化中，哪怕是无关紧要的要求或话语都可能引发令人难解的敌意。

充裕的二人世界的时光

如布莱克斯里夫妇这样的初婚夫妻会纵情享受珍贵的二人独处时光，他们展开双臂，会在兴之所至之时缠绵，会长长久久地谈天说地，会变得越来越亲近，同时，也会一起培养出一些行为习惯。比尔曾经学过古典钢琴，虽然珍妮不是很有音乐天赋，但他们俩都很喜欢听乡村音乐和民谣。所以当他们驱车去哪儿的时候，他们会在一起唱最喜爱的歌，其中包括比尔教他的新娘唱的德国民谣（尽管珍妮连调子都记不住）。在一些周末，这对新婚夫妇会操练外出露营的基本技巧，珍妮会学着以从未有过的角度去享受山中漫步的乐趣。到了周日下午，他们俩都爱闲闲散散地窝着看《纽约时报》。

刚开始在一起的一两年，这对伴侣有充裕的闲暇时光，更多地教对方自己喜欢的民谣歌曲，不断扩充美国本土或是外国的曲目，从中得到乐趣。时间长了之后，他们就懂得如何一起选择最佳的露营地，而珍妮是一个出色的游泳健将，对比尔如何划水给出不少建议。在双方的共同努力下，这对夫妇会创建出一块舒适区——共同

第二章 与初婚家庭截然不同的结构模式

基础——在这块舒适区中,双方可以不假思索,不费吹灰之力地随心操控。

布莱克斯里夫妇的生活模式是恰如其分的。当他们的第一个孩子降生的时候,这个孩子便步入了一个情感与行为搭建完备的家庭世界。夫妇俩学过的老歌现在成了哄孩子的摇篮曲,孩子还会跟着爸爸一起去散步,去远足。父母亲之间育儿的差异性在孩童的襁褓时期就一目了然了——比如,关于该什么时候睡觉,规矩里要不要包括超时或是打屁股什么的。一位家长可能扮演起了严明的纪律执行者,唱起了"红脸";而另一位则表面上看似宽容一些,充当"白脸"。但是,因为这夫妻俩都爱他们的后代,他们的共同基础不断稳固,他们就能够安然度过为人父母时期所伴随的剧烈转变。

在像布莱克斯里夫妇这样的初婚家庭中,孩子是按照先后次序一个一个到来的,这个家庭有足够的时间博弈,产生新的情感关系。彼此之间充足的中间地带或是恰如其分的共同基础,都能帮助他们从以往的成败经验中找到解决问题的方案。

然而,在再婚家庭中,并没有给伴侣留出独处的自由时光。再婚夫妇从没有享受过仅属于他们俩的闲暇时光,以建立强韧的情感纽带,他们的兴趣爱好之共同基础是不足的,所谓的互相理解也不过是想当然而已。他们没有机会打从襁褓时期就开始,逐一与家中的每一个孩子沟通熟识。

正相反,陌生人/继父(母)进入的是一个因离异或丧偶而分崩离析的家庭,这就仿佛他或她是从烟囱里滑了下去,摔在一个正在存续的情感与行为世界的正中央,而在这里,最历久弥新、最坚韧无比的情感联系是发生在孩子与他们的亲生父母之间的。

每场离异标志着一个小文明的死亡

当一个家庭经历了婚姻失败后,他们长时间建立起来的待人接物的节奏——他们的共同基础——就失去了。对孩子来说,这使得他们一直以来所熟知的家庭世界不可思议地终结了。这种破裂可能还包括孩子转学到新学校、监护方(尤其是母亲)收入的减少和孩子对于父母中的一方或双方情感上的疏远,因为父母本身就经常被自己的错位感困扰不已。成人与他们后代一样剧烈地体验着婚姻和家庭的失败,努力建立起新的情感平衡,离异夫妻中的一方或是双方,都可能像他们的孩子一样觉得情感上十分渴望关爱。

正如作者帕特·康罗伊(Pat Conroy)说的那样:"每场离异就标志着一个小文明的死亡。"对于青少年来说,从初婚家庭转向破裂家庭是令人震惊、不可想象的经历,他们感受着各种恐惧,特别是在大得令他们迷惘、破碎不堪的成人宇宙无人关爱的恐惧。

但是,众所周知,如果正在闹离婚的夫妻能够保护自己的孩子,不在他们面前发生公开且恨意满满的冲突,这些孩子就可能安然度过他们这一生中最为不稳定的时期。父母间的冲突是关键，孩子所接触到的成人纠纷的数量和激烈程度，对于他们是能够继续健康成长还是学业一落千丈乃至有其他自暴自弃的行径，有至关重要的影响。

遗憾的是，许多离了婚的伴侣忍不住会说前任或是新继父（母）的坏话，隐忍不发即便并非不可能，对他们而言也是极为困难的，这是个不争的事实。于是，他们就把孩子也拖进了婚姻摩擦中去了。这些气急败坏的前任们显然没有意识到，大量的研究文献重点强调的一个事实：父母间的斗争（无论是婚内的、分居的还是离异的）对于他们子女的情感发展以及之后的情绪调节都有毁灭性的影响。

在初婚消亡之后接踵而来的就是，许多属于原生家庭的共同基础分崩离析，但是很多事情以"曾经延续的方式"遗留下来。比如布莱克斯里夫妇，他们俩最终离异了，但是珍妮在开车时，还是会唱起熟悉的乡村歌曲，虽然两个女儿会因为她的五音不全而"咯咯"地笑个不停。比尔总是殷勤地把女儿们带到海边，虽然大家都清楚他巴不得早早离开，因为他根本无法忍受长久地晒着太阳无所事事。

"无论如何，我们现在有了两个单亲家庭，"再婚专家佩培璐在我们几次聊天中曾告诉过我，"时间长了之后，每个单亲家庭都会形成自己独特的运行模式，自己存在的节奏。"比如，比尔和他的两个女儿，现在一个10岁，一个8岁，已经慢慢形成了他们称为"意大利之夜"的惯例。她们的奶奶是个意大利人，教了女孩儿们如何制作美味的肉丸,所以大多数星期三的晚上,他们都会去奶奶家,女孩儿们放下书包就开始制作肉丸,而她们的爸爸就着手烹制红酱。他们会煮上一锅意大利面条,桌上摆满奶酪粉和辣椒片,开始一起享用他们心仪的晚餐。吃完饭之后,爸爸负责洗碗,女儿负责把碗擦干,一边做还一边聊着他们的朋友和学校的功课。

当厨房打扫完毕后,一个或是两个女儿就会因作业中遇到的难题向爸爸求助。有些晚上,如果她们早早就把作业做完了,就会在睡前一起看一档电视节目或是适合青少年观看的电影。因为比尔和他的女儿们都很喜欢"意大利之夜",这很快就成了他们新共同基础中不可或缺的一部分。"我们家习惯周三晚上在爸爸家里过。"这些仪式给孩子的生活带来了一定程度的稳定感。

"随后,"佩培瑙博士转了转她棕色的大眼睛,仿佛在说麻烦就要来了,"比尔开始跟新女友约会,并且对新女朋友变得越发重视。"

初婚家庭的共同基础,日积月累形成的惯常方式,在比尔和珍妮分道扬镳的时候,经受了严峻的破坏。这位单亲爸爸和他的两个女儿之间的共同基础,是在他们离异之后慢慢培养建立起来的。当继母安妮(Anne)走进这个图景时,她是完全意义上的局外人。她和比尔之间可能彼此有着激情四射的依恋,但她所嫁的这个男人和他的孩子之间的情感却是历时更久,更加深刻的,这种情感是超越了她的。虽然继母可能满心善念,希望能轻松地融入新丈夫的家庭,成为两个继女的好妈妈,但她却没有意识到她步入了一种异质文化,而她对于这种文化的习俗传统却还一无所知。

这种建筑模式能为深受困扰的再婚夫妻们提供一条捷径，帮助他们快速理解并明确他们现在所处困境的实质，并确立未来目标。对五种不同的挑战和夫妻们面对这些挑战所采取的不同方式进行深入思考，能为实现结构上的改变提供清晰的工作图。

这些令人神往的改变与针对初婚家庭设立的理念截然不同，虽然很多刚刚再婚的夫妻一开始头脑里想的都是初婚的模式——这也就是为什么"即时融入"这种念头成为大家普遍都有的美好预想，但这种想法却是不现实的。实际上，我们可以把再婚经历比作试图穿过一栋光线昏暗的陌生建筑，当你猛地拉开一扇无标记的门，却发现自己一脚踩空，从通往地下室的楼梯中滚了下去。换句话说，想试图拿着初婚蓝图寻找再次婚姻中的出路，这会让你常常觉得满心困惑，没有方向。

挑战一　局内人 / 局外人之摆位

第一大（也是核心）挑战，其他四大挑战最终都会融汇于此的，是佩培璐博士所说的再婚夫妻的"动弹不得的局内人"和"动弹不得的局外人"的摆位，这些位置是内化在再婚家庭的基本结构之中的。因为孩子生来就会对自己的亲生父母形成强烈的依恋，这一点不可更改。继父（母）是以陌生人的身份进入这个家庭的，他们是被排除在这些情感依恋之外的，并且，由于他们不懂这个家庭的日常节奏（共同基础）——在离异与再婚的时间间隔中这个单亲家庭形成的惯常节奏，他或是她则会进一步感到举步维艰。

父亲（母亲）与孩子之间建立的共同基础，比再婚夫妇之间所形成的相对脆弱的共同基础要完善得多，这一点毋庸置疑。再婚夫妻之间也许都为彼此而倾倒，但父亲（母亲）与孩子之间仍旧存在着强有力的深刻依恋。这位继父（母）与其新伴侣之间随着时间形成的纽带并没有前者那般深厚，而这位继父（母）与现有配偶的孩子之间就更不存在此类深刻依恋，因此，在新的婚姻缔结之后，他或她不可避免地在家庭当中扮演起了"动弹不得的局外人"的角色。

在这种婚姻模式中，夫妇俩是没有时间在二人世界中慢慢地互相了解的，因为孩子和家庭文化已经在那里了，并且在索求亲生父亲（母亲）的关注。因此，在再婚初期，家庭的新成员一开始很可能会觉得孤立无援，就像是这个家里多余的人一样。他/她被限定在局外人这个位置，并且无人邀他/她走进去，成为他/她的配偶所属的坚不可摧的团队中的一员。

根据佩培瑙的说法，在再婚家庭生活的初期，成员间会就看似琐碎的小事爆发大量的争吵，这些在她看来，通常显而易见都与"动弹不得的局内人/局外人"的核心相关。也许继母喜欢压缩谷物麦片，她觉得很健康，但她的继子女们却会认为那跟硬纸板一样。佩培瑙现在也再度嫁给了一个有三个孩子的男人，她自己也有一个女儿，她笑着告诉我当她把压缩谷物麦片放到桌上时，就有人不耐烦地告诉她，他们家早上只吃甜麦片（而她觉得那就是种甜点）。

这种差异就成了源源不断的争吵的根源。当"动弹不得的局外人"（帕特丽夏）试着决定早餐吃什么的时候，"动弹不得的局内人"（她的新丈夫）一面让她觉得自己是家庭的一分子，另一面又不断地向孩子们保证：生活中不会再有更多的变化和调整——他们之前已经经历了很多。

在再婚家庭中，关于什么是健康早餐以及一系列的日常决议（行为上的共同基础），其默契是存在于身为局内人的父亲和他的孩子们之间的。这就致使继母成了局外人，因此她就成了隐形的了，对于不断持续的家庭生活没有任何的发言权。那该怎么办呢？

处理这些问题的夫妻，佩培璐断言，需要通过心理教育的方式对自己加以强调和正常化。在她看来，许多再婚的婚姻之所以会陷入沮丧期，仅仅是因为夫妻对于再次婚姻的性质一无所知，打从结婚那一刻开始，就匆匆忙忙地赶往祈求立刻融合、幸福圆满的祭坛。再婚伴侣也许是深深相爱的，但他们却远没有清醒的头脑，当他们步入一段新情感时，他们的心中充满了空中楼阁一般不切实际的空想。

所以迟早——但很可能要花些时间——他们会感到失望，感到被隔绝在外，又或者被各方不断争夺他们的时间和关爱的索求"撕成碎片"。于是，他们开始指责自己的另一半，怀疑他们之间的情感。在很多情况下，这位专家说，他们遇到的其实是再婚基础的构建，而不是要做出决绝的离婚选择。

他们需要知道再婚这个建筑的结构（在最初的几年尤为显著），这个结构不可避免地将他们转换到局内人和局外人的位置。他们也必须培养出对另一半所处的位置发自真心的共情，局内的一方必须能够理解当家庭系统的运行方式在被要求发生一些改变的时候，自己的愿望和需求被习以为常地置之不理是什么感受；局外的一方必须用他/她的想象力去理解，在他（她）珍爱的、依赖性强的孩子们与他（她）要引入家庭的挚爱配偶之间不断地调停各种纷争，是多么地让人心力交瘁。

尴尬的局外人很可能会认为局内一方的生活是花团锦簇的，因为家里的每个人都在争夺着他（她）的关心和疼爱。但是实际上，局内人的身份也是极度令人沮丧的，因为他（她）会被各种彼此矛盾的索求所困扰——既不能取悦视若珍宝的新配偶，当他（她）想要在家里获得话语权，进行一些改变，也不能讨好孩子们，他们已经受过了许多心灵的创伤，经历了艰难的转变，已经不愿意再做出任何的改变了。

如果局内人和局外人天各一方的位置已经深深嵌入了再婚家庭的构架中，那么该怎么灵活地解决可能由此产生的问题呢？首先，正如我之前所说的，明确认识到有这个问题的存在，能帮助刚刚再婚的夫妻心平气和地看待他们可能遭遇到的困难。其次，伴侣的沮丧情绪将因为能够找到适当的词汇来描述他们正在经历的迷惑和痛苦的情绪而大大得到疏解。

正如佩培璐写的那样："局外人时刻感觉到他们是被忽视，被隔绝在外的，是孤独的……（然而）……局内人却觉得左右为难，力不从心，甚至是绝望。"混合家庭这个词并没有让再婚夫妇做好应对现实的足够准备，他们脑海中全是愉快的幻想，幻想着他们和他们的子女能一下子投入各种有趣的活动中，迅速地融合成为一个欢乐的大家庭，快乐程度远远超过他们之前的那个家。将局内人/局外人的两难境地常态化，拂去那些一见面就能其乐融融的幻象，能够将再婚夫妇的关系向前推进一大步,让他们远离那个互相指责、互相质疑新情感关系可靠性的痛苦之地。

然而,另一个处理再婚家庭结构挑战的对策看起来则更加荒谬且违反直觉。佩培瑙说:"很多人认为他们可以通过花大量的时间与现在家庭的所有成员共处来解决'融合'的问题。但是,事实却是当所有人齐聚一堂的时候,这些问题却是处于最尖锐的时期:局内人/局外人问题锋芒毕露;孩子们觉得毫无归属感,更加依恋与生父母间的情感纽带;育儿方式的不同所带来的挑战和文化差异也变得不可调和。"

解决这些结构问题的最有效方式就是,用佩培瑙的话来说:"隔离,隔离,隔离。"也就是说,在家庭的范畴中,拓出让成员一对一单独相处的时间与空间。

有血缘关系的亲子之间应当有独立相处的时间,因为孩子们的确需要维系与他们的亲生父亲(母亲)之间不断存续的、永不断裂的纽带。继父(母)/继子(女)也应该有时间独处,因为这位新家庭成员虽然在配偶的眼中看来是个大大的加分项,但在孩子的眼中,他(她)却经常让他们觉得是个减分项:他(她)是个局外人,而他们在是否选择这个人的事情上并没有任何发言权。并且,新成员的到来,无疑伴随着父亲(母亲)对他们关注度的减弱(他或是她处于热恋期)和某些日常生活节奏的改变。这些改变对于青少年来说很难应对,因为他们已经遭遇过了许多波折,伤痕累累。新家庭成员在家庭舞台上的亮相极有可能激起他们的某些竞争欲和憎恶感。

继父（母）和继子（女）之间需要更好地互相了解，所以或许他（她）和继女可以一起去看电影或是购物。或许，继父（母）可以带着继子看体育比赛（孩子的生父母不能跟着一起去），或是让孩子教他（她）一个什么技巧。比如，继子可以教这个家庭新成员怎么上推特，或是如何创建脸书账号。继父（母）可以花点时间跟他们玩棋盘游戏或是辅导小点的孩子做作业。简单来说，初来乍到的"父亲（母亲）"和继子（女）之间需要在一对一的基础上建立情感纽带，而只有在他们的亲生父母不在场或者至少是不在监视着这个活动进程的时候，他们才能展现出最佳的状态。

最后但同样最重要的一点就是，再婚夫妇应当匀出"局内人"时间来共处——这个时段是不能被孩子们的问题、困难和需求所打扰的。他们可以定期晚上出门约会，特别是在不是由他们监护的孩子们来造访之前。"你必须对你的再婚伴侣倾注精力。"佩培璐说，"但是，此次研究很明确地表明了，只有为整个家庭的成员都划分出一对一的独处时间，这种做法的效果才能达到最佳。"她又重申道："隔离，要利用一对一的独处时光建立良好的情感联系。"

挑战二　孩子们的损失和情感忠诚纽带

很多针对再婚夫妇的指导手册都会强调再婚配偶间情感关系的重要性。有一种广为流传，颇受人追捧的说法是：如果夫妻俩能够很好地打理自己的婚姻，那么其他的家庭成员很快就会各就其位，一个快乐、其乐融融的家庭就会浮出水面。而我们的建构模式在这一点上则有不同见解，我们非常注重面对一个现实，那就是亲生父亲（母亲）所获的至宝——他（她）的新配偶——在他（她）的孩子们看来，通常更像是一系列家庭变故和艰难过渡中的又一次打击。针对这一点，佩培瑙建议在再婚之初，继父（母）不要建立新的秩序规则和发起改变，除非这种改变主要是为了维系彼此间的礼仪。比如说，应当要求继子在进门的时候看着继父（母）并道声"你好"，而不是只向他的亲生父亲（母亲）问好，而对这位新人（新配偶）视而不见。

与再婚子女相关的另一项挑战是与情感忠诚纽带指向的矛盾性有关的。孩子可能在无休止地思索着此类事情，比如，"如果我喜欢（甚至是爱上）我的继父（母），那我是不是背叛了我的亲生父亲（母亲)?"或者如果他的亲生父亲(母亲)已经去世了,这个孩子可能就会想,"如果我开始爱上我的继父(母),那么我对于自己亲生父亲(母亲)的记忆会不会就开始渐渐淡去了呢?"一种解决这种问题最直接而高超的方式可以在佩培瑙的一篇小文献中找到,那篇文章叫《帕特丽夏的手稿》("Patricia's Script")。她的这种说法(或是这种说法的一些变体)对于像比尔·布莱克斯里这样经历过离异和再婚的父亲(母亲)来说是十分有用的。当他哄女儿睡觉时,面对着他深受情感困扰、内心满是怨恨的11岁女儿时,他就可以这么说:

> 有一个妈妈,又有一个继母对于很多孩子来说都是个困扰。我想让你知道的是你的妈妈在你心里的位置是永远不会改变的。就像是地球,就像是太阳,就像是你在你妈妈心目中的位置一样,永远不变。你妈妈永远是你的妈妈,你永远都是她的女儿。安妮跟你妈妈不一样。继母跟妈妈是不一样的。我希望,随着时间的流逝,你能满满地喜欢上安妮,但是就算你喜欢上她,你们之间的关系会被保留在你心里的另一个地方,跟你和妈妈之间的关系所待的地方不一样。

亲生父亲(母亲)和继父(母)在心中所占的位置是不一样的,而一颗心是能够同时容纳这两种情感的,这种令人安心的理念能够疏解甚至平复孩子们心中的愧疚感和口是心非的不安情绪。

挑战三　育儿任务

　　正如上面提到的一样，单亲家庭更倾向于变成不受约束的家庭，天长日久，孩子与成人之间的界限会渐渐变得模糊不清。通常，几乎是在不知不觉间，会有一个或是多个青少年跟父亲（母亲）的关系变得极为亲密，以填补另一位家长曾经占据过，现在却空出来的位置。孩子们通过各种各样的方式，获得了一定程度上的权力，而这种权力假设初婚家庭没有破裂的话，他们是绝对不可能拥有的。

　　与这种日益增长的权力相伴而来的是一种被需要感，似乎更像是成了一位密友，并且肩负着额外的使命（比如，照顾更小的弟弟妹妹们），以及帮忙持家。在一系列的寻常事物进程中，慢慢地，在家庭权力和权威上，孩子会向上跃升一级，而父亲（母亲）则会下降。

　　当继父（母）登上家庭舞台的时候，他（她）则会对家庭规矩的松散和延展性感到大吃一惊。他（她）会发现他/她已经身处一个亲密得毫不加掩饰，由血缘关系紧密维系的家庭之中，而这个家庭似乎缺乏对于成人权威的足够尊重。因此，继父（母）会倾向于占据一个更具权威性的强硬立场。因为不是他/她的孩子,所以他们通常对孩子不太友好,他们会通过无视他/她的指令或是公开跟他/她作对来让其知道他们一点儿也不喜欢有他/她的存在。

最终,继父(母)因为孩子们的轻蔑举动或是无礼行径而深感沮丧,会希望其配偶能够行使其权威——能采取行动,做点儿什么。他/她希望她/他能强制让孩子们变得听话些,能友好礼貌地来对待自己。这个阶段的婚姻将会目睹两位配偶之间连续不断的争吵,因为他们对于究竟该对孩子们采取什么样的回应,双方的观点是大相径庭的。

生父(母)和颜悦色地对孩子是对的吗?继父(母)坚持要孩子顺从,在家里更讲规矩是对的吗?很可能出现的场景就是一方的育儿风格是过于放纵的,而另一方的风格则是更加恰当,是严要求一些,但是也不免过于苛刻。这夫妇俩很容易就陷入一种痛苦而颠扑不破的死循环,继父(母)会觉得继子是"嘴上没毛,行事乖张的小屁孩",而亲生父亲(母亲)就会为他们辩护,会说"他还是个孩子",还有"他都经历过那么多痛苦的事情了,你就不能理解理解他吗?"

其实,对于孩子的发展和成长来说,过于放纵和过于摆家长谱(站在他们的敌对面)都不是最佳方案。现在有大量的研究表明在有权威性(不是独裁主义!)的家长培育下,孩子们的每一步都能走得最好。"有权威性的家长是既严厉又慈爱的。"佩培瑙解释道:

他们会积极响应孩子们,并调整自己与他们合拍。他们关爱孩子,但是设定底线,会提出对发展成熟举止有利的适当要求,比如,"你有权利对此感到抓狂,但是你已经长大了,不能扔东西了。你可以用语言跟我沟通"。这就是有权威性家长的育儿方式。放纵式的育儿方式是这样的:"噢,亲爱的宝贝,如果你心情不好,乱扔东西,那都没关系,我能理解你遇到了什么,这不是什么大问题。"而独裁式的家长则会说:"你不能再这么干了!你没有权利这么做!简直无理取闹!"

所以,在再婚系统中,一次火药味极浓的事件很可能是由规矩问题引发的,这一点儿都不令人惊讶,特别是当夫妻俩可能在育儿问题上已经处于两极化的状态时。因此,棘手而频繁引发争端的问题就是:没有血缘关系的继父(母)是否有权惩罚生父(母)的子女,如果有权的话,那是在什么条件之下呢?

关于继亲家庭的文献在这一点上都持同样的观点,那就是明确地说了:没有。继父(母)不能惩罚配偶的孩子。(有时,比如在杜瓦利埃一家的例子中所看到的那样,这个规则也有少数例外,并且看起来也运转得挺好。)但是,总体上来说,有权进行处罚的是生父(母),而继父(母)的角色则更接近监督员、保姆、阿姨或是育儿嫂——那些在血亲不在的时候负责照管他们的人,但是这些人绝没有权力处罚孩子的不规矩行径。继父（母）将这些行径通报给他们的生父（母），"我想劳拉（Laura）的功课退步了，而且她还经常狠狠地欺负她妹妹，"然后再由这位生父（母）决定给予这个孩子怎样的处罚。

作为一位拥有三个精力充沛的女儿的母亲，我一直觉得这种来自继亲的非难有些不太现实。许多让人担心、惹人讨厌的孩童行为对我而言，要求我们做的绝不只是一个迟来的回应。当我向佩培瑙表述我的这一观点的时候，她摇了摇头说，所有的研究结果——包括她自己的经验——在这一点上都是一致的。继父（母）可以用权威性家长的态度面对他们的孩子，但是分配处罚的绝不是他们。

"假设我是个继母，我的丈夫出差了，"我问佩培瑙，"我走进他10岁儿子的房间，发现他抱着电视不放，我也知道他明天要交的作业一点儿也没做，那我该怎么办呢？我该说，你的作业还没做，所以马上把电视关掉吗？"

"这就是你该说的话。"她回答。

"假设他顶嘴说他最喜欢的电视节目马上就开始了，还有这跟我一点儿关系都没有——我不是他妈妈！在他妈妈家里，他想什么时候做作业就什么时候做作业！"

佩培瑙笑了，她说，那你就长长地深呼吸一口，试着让自己处于中性自觉的状态，然后你要尽量平静地说："我知道我不是你妈妈。你有妈妈，你在她家里的时候可以按她的规矩去做。但是我是这里管事的人,我们俩都知道这个家里的规矩是:没做完作业不能看电视。这种情况是由你爸爸负责处理的。他是事情的处理人。今晚晚一些时候我会跟他好好谈一谈这件事。"

经验法则应当是生父(母)在离开之前,要告诉孩子继父(母)是家里管事的人,像是阿姨或者保姆之类的,他(她)会执行家里的规矩。(当然,这种暂时的权力让渡在奥尔布莱特家庭中从未发生过,加布一直得到的信息是朱莉的指令是无足轻重的。)但是,如果说到处罚——罚小孩不准出门或是扣零花钱之类的,一般来说,应当由孩子的生父(母)来执行。

这里我们必须强调的是再婚夫妻真正潜在的两难境地是生父(母)应当严厉起来,而继父(母)应当表现出更多的耐心与怜悯。但如果夫妻二人所处的位置已经两极化,那么继父(母)很可能会对配偶说:"你简直是懦弱无能,就由着那个小屁孩任意摆布!"

这完完全全就是一种攻击,生父(母)很可能会回嘴:"你对他太苛刻了,难怪他老是排斥你,不听你的话!"很显然,接下来该是一场互不示弱的争吵而不是解决问题的对话。夫妇俩要学会如何以互相尊重、互相体谅的方式进行沟通。我在下一节围绕人际沟通技巧的探讨中提出了一些有用的谈话应答机制以供参考。

挑战四　文化碰撞

正如布莱克斯里夫妇的例子里所看到的一样，初婚家庭的起点是夫妇某种程度上已经形成了共同的文化，而他们的家庭文化随着每一个新生命的诞生而不断地成长、壮大。经常被忽视掉的一点就是再婚家庭与初婚家庭起点是截然不同的。在布莱克斯里这个案例中，新的家庭是在生父与孩子之间共享有一套很有分量的文化共识的基础上开始的。或者，如果再婚双方都带着自己的孩子走进婚姻，那么就存在着两套父亲（母亲）与双方孩子之间的文化共识（这就是所谓的"复杂家庭"），其中的一套通常会成为主导文化。这里存在一个关键的问题就是这套文化上的共同基础——惯常的日常生活节奏——并不是属于刚刚再婚的夫妻俩共同认可的，而是其中的一方与他（她）自己的单亲小家庭共有的。

单亲父母与孩子之间关于常见事物都有既定的共识，比如说，什么是大嗓门；你回家之后会把大衣放在哪里；你是在一吃完晚饭就洗碗呢，还是会歇一会儿，把碗都放在水槽里，等晚一点儿的时候再洗；买一双运动鞋合理的价格是多少。诸如此类。一系列看起来很琐碎的问题对于家庭里有血缘关系的成员来说，答案都是不言而喻的，但这些也会引起家庭新成员对他们的不满。在朱莉和马修·奥尔布莱特之间不断持续的争吵话题中，就包括马修的儿子在着装上花钱大手大脚。朱莉认为，让12岁大的孩子豪掷200美元买一件polo衫是一种荒唐可笑的行为。"他是个孩子！"她十分震惊地提出了抗议。"他是我的孩子！"马修曾经咆哮着说，"只要我还有钱，他想怎么花就怎么花！"

金钱观上的分歧通常在再婚家庭中是个高发的问题。佩培瑙对此类问题倾向采取的策略被称为"三锅"方案。采取这种方案的夫妻会分立三个账户，而不是把所有的财务收入都一股脑儿地混在一起。第一个账户是双方联名开设的，用于家庭开支——维修费、食品开销之类的。第二个账户里放着妻子的存款，她的收入和子女抚养费，用于她自己和她的子女。第三个账户是由丈夫打理的，用于支付他的个人开支和子女抚养。但是，话说回来，在再婚家庭中谈金钱事宜会遇到很多错综复杂的微妙局面，这个话题我们将在第七章中细致探讨。

饮食口味的差异同样是再婚系统中一个棘手的问题，我曾经采访过的另一家庭就遇到了此类的问题。在那个案例中，妻子和她13岁的女儿喜欢吃鱼肉、鸡肉、蔬菜、糙米，除了沙冰或是水果以外，什么甜食都不吃。她们会不断监测体重的变化，避免食用碳水化合物。而她的再婚对象和他10岁大的儿子、8岁大的女儿都喜欢吃肉类食物，喜欢吃土豆，而且习惯在吃完饭以后再吃上些油腻腻的食物以及巧克力之类的。

当男女双方再婚之时，就会出现很多诸如此类难以预知的差异性，这需要大家坐下来再度协商。这些事情可大可小。把银餐具不加分类地收到橱柜里，还是要把刀、叉、勺子分类放到相应的格档里？看电视和做作业都有些什么规矩？如果家里有青少年的话，那对于宵禁是什么态度？"如果，举个例子，一家孩子最晚的归家时间是凌晨2点，另一家是晚上11点，这两家凑在一块儿怎么办呢？这对再婚夫妻会怎么处理呢？"佩培瑙抛出了一个修饰性问句，然后她自己给出了答案："这是件要紧的事，所以你们要互退一步。或许可以把午夜12点定为大家的宵禁时间。"

在再婚婚姻的延续期间，会随时出现一大堆意想不到的事件要供讨论，让人感到失望、受伤的机会比比皆是。这里潜在的挑战——也是个大挑战——是因处理日常生活习惯而常常要进行协商的夫妇已经气氛紧张不已了，他们俩总是由于继亲家庭的结构被分隔开来。在这样相对刻板的家庭系统中，两人很可能就被分化为局内人和局外人。这对新夫妇几乎没有时间解决他们之间的差异性，达成共识，以及找到行动的捷径。他们的情感关系还处在形成期，他们间的共同基础还很薄弱，其实单单是心理健康教育——了解他们正在运行的复杂结构的内在属性——通常就能带来相当程度上的如释重负的感觉。

根据佩培璐的说法，在有些情况下，明智的做法应当是将一些恼人的差异性搁置到一边，直到事情自己迎刃而解。"你要先关注到真正重要的那些事情——安全、礼貌——你也必须宽慰那些孩子，告诉他们其生活中大部分熟悉的习惯都将保持不变。因为这些孩子已经不得不经历许多令人混乱的起起落落了。"

挑战五　另一位家长

虽然不断起纷争的前任夫妻会对孩子今后的情感调整带来负面的影响，这一点无可辩驳，离异后的夫妻有时也会显露出并不恰当的温情，这一点也不能否认。还处于单身状态的丈夫可能会和他的前妻在晚上聊天讨论，他们会谈及白天发生的事情，双方共同生育的孩子的规划。但是，一旦一位继母登场之后，这段新的情感关系就要设上边界了。

佩培瑙对此提供的一条有效建议是：在旧关系和新婚姻之间必须立起一道"两截门"。"上面的半扇一直开着，推进一些跟孩子相关的事件和规划。但是下半扇现在得关上了，在私人事务和私人时间方面设置一个清晰的障碍。"她说。

我想，马修和朱莉的再次婚姻中，并没有人设置这样一扇"两截门"。马修的第一任妻子弗兰，仍然是婚姻图景中不可或缺的一环，当她需要做任何小修小补的时候会给他打电话，还会告诉他她还爱着他。同样极其重要的是，弗兰和马修会联起手来批评朱莉的

第二章 与初婚家庭截然不同的结构模式

育儿之道,这无疑就是在告诉他们的儿子,他不需要尊敬他的继母,即便是有几次,当只有她一个成人在家照管他的时候。很明显,马修的第一次婚姻在他第二次婚姻开始之时并没有真正意义上的结束。

更为常见的情况是第一任和第二任家庭之间的紧张关系骤然恶化。比如,在杜瓦利埃的快乐的再婚家庭中,再婚夫妇因为克里夫的前妻每周都要上演的闹剧而不堪其扰。罗琳从来不允许别人改变监护日程,除非她自己来改,而且她经常会不经任何提前通知就擅自改变。

莎拉·杜瓦利埃努力要和这个很难相处的女人保持和平,但是天不遂人愿,这根本就是不可能的。但是,杜瓦利埃夫妇在处理这方面存续的困难时,是亲密的盟友。而且非常明智的是,每次当克里夫的孩子从他们的妈妈家里回来,吵着说她就是个"疯子"时,莎拉都忍住不和他们一起说其母亲的坏话。相反,她把重点放在关心孩子们的感受上,她在他们沮丧时,保持着冷静、接纳的态度,对他们表示理解与同情。

那么孩子们频繁地从一个家里转到另一个家里,生父(母)和再婚夫妇家中的习惯都不一样该怎么办呢?比如说,如果安妮和比尔·布莱克斯里的孩子们在其生母的家里是可以喝可乐的,那么安妮和比尔是不是也得允许他们这么做?那为什么安妮和比尔要坚持说,他们在家只能喝牛奶呢?

在这个非常常见的案例中,帕特丽夏·佩培瑙为再婚夫妇们做了一个十分有助益的隐喻，来教导身处离异与再婚之家里的孩子们："有两个家，妈妈的家和爸爸的家，就像是你有了两个不同的老师，比如说，史密斯太太（Mrs. Smith）和琼斯先生（Mr. Jones）。在史密斯太太的课堂上，就算是你要削铅笔都得举手；在琼斯先生的课堂上，你就可以随时走来走去。"这种低调、合理的解释能够让不同家庭的成人遵循自身的惯常模式，而不会传达出谁比谁好的暗含之义。就像是两位老师的课堂，他们的两个家只是运行模式不一样而已，这样孩子们可以很容易接受。

策略一　人际沟通技巧

了解并探讨这五大挑战——也就是，做好心理健康教育——是不够的，再婚夫妇通常需要再进一步，多学习一些互相沟通的有用技巧。比如，在以上讨论到的育儿方式中，那位继母就称她丈夫为"没骨气的懦夫"，就因为他没能对自己难以管教的儿子更严厉一些，于是，这位爸爸就立刻回嘴，说他的妻子太过严苛，没有同情心，难怪那孩子不听她的！这对夫妇成了拳击台的相向两方，谁都不听对方说的话。

这段火药味浓烈的对话，怎样才能有另一种不同的走向呢？

其中的一种解决方法叫作"软—硬—软"。这种由佩培瑙设计出来的独创技巧，是将一段高敏感信息像做三明治一样，包裹到两段充满关爱和理解的语句中去——一段在前，一段在后，把有问题的馅料夹在中间。"软—硬—软"是一种针对性极强的技巧，旨在帮助再婚夫妇处理超敏感性的育儿与抚育继子女问题。

那么在刚才说到的这个案例中，这种方法具体该怎么操作呢？

我们可以先说一些友善的话语，传达我们的理解和关爱。这位继母可以说："我知道这对于托米来说是个过渡期，他会觉得不知所措。已经尽力在帮助他跟上学校的功课，成绩不掉队了。但是，当你不在家的时候，他就觉得找到了机会，可以测试我的权威，无视家里关于电视和作业的规矩。我知道你希望他在学业上能有出众表现，我想，从总体上来说，他是个好孩子。所以我们可以谈一谈这件事吗？我们该怎么处理呢？我们该怎么让他知道，当你不在家的时候，我就是管事的人，如果他一再不听话的话，你会给他设定一些处罚手段吗？你觉得如何呢？"

用这些软话来铺垫开场，把硬核信息夹在中间，再以询问的方式温柔地收尾，这对夫妇就更有可能进行一次交心的谈话，而不是陷入谩骂与争吵的痛苦中。

另一项有用的技巧，与隐去"你"的信息，并代之以"我"的信息有关。比如这样的一句陈述："你女儿昨天晚上来了，在餐具柜那儿到处撒满了饼干和奶酪屑。看她那样子简直就像是从谷仓里长大的一样！"这样的话很容易招致生父（母）的辩解与怨恨。不如仔细考虑一下，可以用"我"的信息来传达："我早上下来的时候简直感觉糟透了，厨房里到处都是乱七八糟的。"或是："爱玛昨天晚上吃零食，把东西弄得到处都是，可把我累坏了。我担心会把她宠坏了，也担心会闹老鼠。"从口吻上来说，从"我"出发的信息里面包含的指责和埋怨要少得多。

这里的关键是说出来的句子要听起来像是呼吁、恳求，而不是指责、批评："你在早上洗完澡之后如果能把毛巾都挂好，我会感到非常开心。"或是："厨房里乱七八糟的样子真的把我累坏了，如果我们能一起努力，保持灶台干净整洁，那就太好了。"这就是这种方法运用起来的两个杰出例子。

我们知道在再婚生活中，一大堆的差异性很可能会随时显现，所以我们要对家里的其他成员保持好奇心，而不是把这些差异性视为引起反感的举动。比如，假设比尔·布莱克斯里的新妻子安妮，决定在孩子们来过意大利之夜的时候烤她最喜欢的巧克力蛋糕，本意是要给孩子们一个惊喜。但是当安妮把蛋糕端到桌上的时候，比尔的小女儿苏西（Susie）情绪一下子低落，"哇"的一声哭了出来。安妮并不知道苏西喜欢吃巧克力，可是每次吃，都一定会起一身的荨麻疹。但是安妮并没有厉声责怪比尔，说"你该早点跟我说的！"这位新妻子用了更明智的处理方法，她转向苏西，体贴地对她说，"苏西你是对巧克力过敏吗？哎呀，这个我一点儿都不知道呢。我们到冰箱里找找还有什么可以拿来当甜点的吧。我想我们还有冰激凌和一些莓果。"深呼吸一下，保持一种"了解苏西"的态度，是在处理此类不可避免的小麻烦，维系情感关系时的建设性手段。

策略二　修复旧时的精神创伤

当心理健康教育和良好的人际沟通技巧都无法产生明显的效果时，再婚夫妻双方会觉得一筹莫展，那么再婚结构中最深层次的作用力就会开始起效。比如比尔·布莱克斯里的第二任妻子安妮，是在一个她备受忽视的家庭中长大的，由于她的一位兄长患有疾病，她的需求从无人响应。因为她童年遭到轻视的经历，如果比尔的大女儿劳拉，光用一些简单的单音节词跟她说话，总是避开和她有眼神接触，遭到这样的忽视和冷漠就会揭开她的旧伤口。这是安妮无法忍受的——虽然她自己并没有刻意将过往和现在发生的事情联系在一起。

在再婚时，一位新丈夫或是新妻子走进一种既定的家庭文化中，这种文化是他或她不曾参与打造过的。我回想起一个场景，是一个有三个女儿的律师（孩子的监护权属于他的前妻）又娶了第二任妻子，这个妻子带着一个12岁的儿子。这位律师是个十分讲究整洁的人，在他的第一次婚姻中，他的配偶总是把家里打理得纤尘不染，井井有条。但是他的新妻子和她的儿子则对于打理家务漫不经心，就算是做饭，也从来没有准点做完过。他们对于整洁的标准也与他自己大相径庭——这种不同在一开始还吸引了他，但后来就让他头疼不已。这个男人经过一定的心理疏导之后，才将现在的情况和过去他成长的那个嘈杂、无序的原生家庭联系起来。

简单来说，旧时的精神创伤包括一些典型的场景，即当一个人在他或她的原生家庭的痛苦经历，入侵了当下的再婚生活。佩培璐列举了一个简短的例子加以解释：如果你的胳膊撞到了坚硬的地方，你会喊"哎呀，好疼！"因为你会感觉到疼痛，但是如果你撞到了原来就有瘀青的地方，那这种疼痛就不是同一回事儿了。那如果你瘀青的地方非常深——甚至你根本没有意识到这个地方有这么个伤口——就算是轻轻地一碰，也许就会释放难以忍受的疼痛。

那该怎么办呢？当身处一个新家庭的人不断地被旧伤所刺激，并因此做出各种难以理喻的举动的话，那么好好想一想下面的几个问题，将对其非常有帮助：

"在我成长的那个家庭中，谁是局内人，谁是局外人呢？"

"在我的原生家庭中，我的爸爸和妈妈都是怎么对我的？"

"出现了差异和分歧的时候，都是怎么解决的？"

"我现在做出的这种看似过分的举动，和我成长的家庭中的经历对照起来看，是不是就解释得通了？到底该怎么解释呢？"

还有一些可以自我反思的问题：

"为什么当我的配偶把所有的精力都放在他/她女儿身上的时候,我会感到如此抓狂?"

"为什么当我的继子回家,只向他妈妈问好而对我置之不理,甚至连招呼都不打的时候,我会怒气高涨?"

"当我的丈夫没有严厉地处理他的孩子没规矩的行为时,我的内心深处到底在想什么?"

在一些较为幸运的案例中,若是遇上了一位睿智、冷静、充满同情心的伴侣,再婚家庭中被激发出的旧伤是可以通过平静的交谈沟通来梳理解决的。但是,如果说到如何将过去和现在条分缕析地分开这种艰深的工作,就很可能需要采用一些治疗干预的手段。

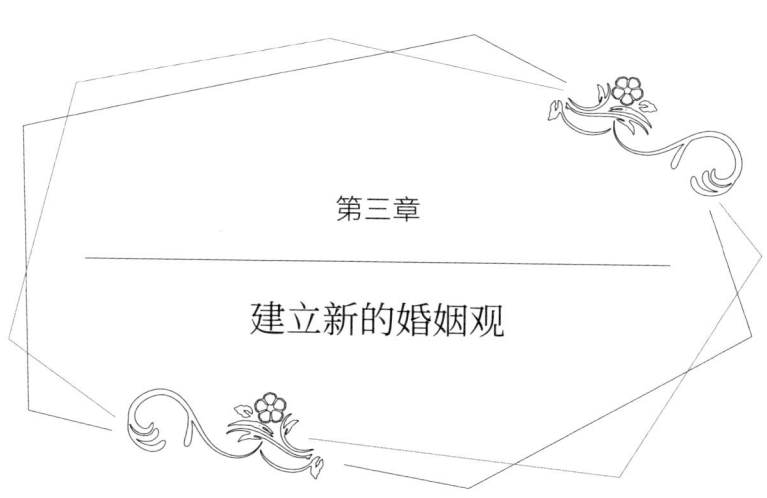

第三章

建立新的婚姻观

在再婚夫妻玫瑰色的希冀中,崭新的重组将抚平曾经受过的创伤,驱除那些挥之不去的暗影幽灵,可以打造一个浑然一体、蓬勃向上的家庭来。

误区：重建初婚家庭

第二大波及面广的再婚幻想与"一见即深情"的误区紧密相关，那就是"核心家庭重建"的误区。这种错觉认为，那个因为配偶的死亡或是离异而中途破裂的初婚家庭，由于再次婚姻的来临，会起死回生，又重组为那个父母均在的核心家庭。

这种广为流传的错误想法通常还会向前迈一大步，不仅认为在这位精挑细选出来的新伴侣帮助下，以前的那个完整家庭会起死回生，并且那个逝去的家庭还会以一种更加新颖、百倍完善的形态重塑出来。在再婚夫妻玫瑰色的希冀中，这次崭新的重组将抚平曾经受过的创伤，驱除那些挥之不去的暗影幽灵。新夫妻头脑中构想的宏大目标，是他们当初所希望的充满欢声笑语的家庭可以在短时间内建立起来。他们似乎相信，使用一些新配方佐料，就可以激起别样的家庭凝聚力，即时打造出一个浑然一体、蓬勃向上的家庭来。但是事情很少会朝着他们预想的方向发展。

首先，这种设想与生物学和简单的常识相悖，因为在新家庭中的两个人——再婚夫妇——是有着亲密而浪漫的情感关系的。他们之间的情感也拥有历史，尽管可能历史并不丰富——例如，他们在一位朋友家中一见钟情；在爬山之后共享野餐；在吃完浪漫的烛光晚餐之后看了一场精彩绝伦的表演。但是，如果他们中的一方或双方将前度婚姻中的子女带入了新家庭，情形就不一样了，很显然，这些小朋友是不太了解他们之间这些共有的回忆的，并且与这位入住他们家的继父/母（陌生人）没有什么真正意义上的情感联系。

而且，这位新妻子（母亲），现在成了一名继母，她与自己的子女之间是血脉相连、情感深厚的。显然，她对于新配偶子女的了解远逊于此，他们之间的情感关系还在慢慢地形成过程中。这位新丈夫（父亲），现在成了继父，也是处境相似：在再婚之后不久，他对配偶的子女知之甚少，对自己子女的感情却要深厚得多。但是尽管如此，所有人却要亲密无间地生活在一起。

（虽然可能没有言明）同样重要的一点是，再婚家庭通常是在一些极不理性的压力之下横空出世的。譬如，受强烈的情感驱动，认为用再婚家庭的成立来弥补之前的那些缺损与失意。因此，再婚夫妻很可能首先面临的困难，是这些潜在的断层线和他们自身毫不现实的希冀之间造成的失望。正是这些焦虑让再婚研究的文献充满了各种忠告和警告，建议再婚夫妻们要事先预想好一系列令人不安的错愕与困境。

文斯黛·马丁在她写给继母们的劝诫性著作《继母》一书中说

道:"你(继母)走进的是一张由各种习惯、偏好、心照不宣的笑话、问题、期望、仪式和历史组成的大网。这段历史里没有你的存在,之后也可能将你排斥在外。"在作者的假设中,"作为局外人的情感起落,遭到隔绝不能近前的挫败,在再婚之后的前三年之中尤为明显",她认为这场新的情感关系的走向,是对刚刚修成正果的再婚夫妻不利的。

但是,据我的经验而言,事情倒也不一定都朝着悲观的方向发展。在我采访过的诸多再婚夫妻中,有一些夫妻似乎毫不费力地就将他们之前的家庭文化融合在一起了。虽然一路上也会遇到不少的挑战,但这些夫妻最终都成功地打造出了坚实的基础。在这个基础之上,他们新晋形成的家庭文化吸足了养分,蓬勃健康地发展,家庭中的每一个成员都拥有舒适的归属感,每个人都是局内人。

是什么原因让这些幸运的夫妇们如此与众不同呢?我认为,为他们的成功保驾护航的最重要因素是他们自己的心明眼亮,他们对于再婚生活究竟是什么样的有合乎现实的预期,对于再婚系统中难免遇到的那些磕磕碰碰、误会纠纷,有着高超而成熟的人际沟通技巧。

被抛弃的幸运儿

杜瓦利埃夫妇再婚后一共拥有了 7 个孩子——4 个莎拉的孩子和 3 个克里夫的孩子。当我采访他们的时候,正是他们再婚的第四个年头。在此之前,他俩都经历过一次失败的婚姻。在我们的第一次访谈中，我让莎拉将下面的一句话补充完整："如果人们对于再婚有一个根深蒂固的误解，那你觉得会是＿＿＿＿（什么）呢？"我满脸疑问地盯着她看，等待着。

莎拉，四十多岁的年纪，显得友善而有朝气。她甩了甩那头金色短发，没有犹豫多久就给了我回答："对于再婚的误解吗？那就是他们觉得再婚一定会以失败而告终。我经常听到别人这么说。"

我点了点头说，的确有不少再婚是以失败而告终的。

她沉默了片刻，然后若有所思地说："当我说我觉得我们相信世界上有两种人的时候，我可以全权代表我们俩。有一种人会对另一半从一而终，而另外一种人会四处寻找别的更佳的选择。我们俩都不属于第二种人，那就是为什么我们俩都曾经长久地维持第一段并不和谐的情感关系。"她的脸微微一红，说道："我没有办法想象自己会勇敢地提出来：我离开你是因为你这个人又小气，又爱欺负人，就是个傻子。"

"所以，你很幸运，是你的丈夫先离开的。"我说道，因为我之前就知道，她的前夫汤姆在他们最小的孩子才10岁的时候，就遗弃了他们。

"我真的是太幸运了，我是被遗弃的一方。"她说完这些话后，急促而欣慰地舒了一口气。我将这个解读为，无论情况如何恶化，她从来都没有勇气主动离开。

克里夫轻轻地拍了拍妻子的肩膀："我们俩都一样。现在回想起来，我的处境跟你的几乎一模一样。"

"也是罗琳（Lorraine）先离开你的吗？"我们之前也讨论过克里夫难缠的前妻，但我从来没有问过他这么明确的问题。

他没有正面回应："我们之间有问题，但我总是想如果我们这样做或是那样做的话，事情总是会好起来的。但是，你说得对，她先离开了。她有了外遇，她觉得那人更合适。那个男人是个医生——也有妻子，但那也不是个问题。他们重新打理了他们的生活之后就优哉游哉地离开了——我，我就坐在那儿，震惊不已，内心痛苦，情感枯竭。"克里夫的声音低沉而有力，时而沙哑："但你总会从那种事里走出来的，走出来以后你会说，喔，一切都结束了，我还是安然无恙，事情也没那么糟糕嘛。"

我笑了："那么，现在你也答一答刚才莎拉回答过的那个问题吧。人们对于再婚根深蒂固的误解是……"

"是说再婚的结局一定会以失败而告终吗？不是这样的。"杜瓦利埃夫妇扭过头去，久久地深情望着对方。

"很明显，你们觉得你俩不一样，处境比他们想的要好多了。"我说。

莎拉点点头，说这就是为什么他们俩都对参与到我的研究中来感到兴奋不已。她相信很多人对再婚持有负面的态度，而她和她丈夫希望以他们的故事作为一种正面的、鼓励性的典型说给大家听。我看着克里夫，他今年53岁，个子很高，身材健硕，留着一头浅棕色的短发。他一边点头表示同意妻子的观点,一边不断地望向莎拉。

我停了下来,开始想我一直在阅读的再婚书籍与文章,这些文献中多数都充满了各种描写,在通往日思夜想的再婚成功途中堆满了种种不可避免的震惊、失望、幻灭和崩溃。

然后,我笑了,我告诉他们,在成功故事的分享上,可不只有他们寥寥几对。

"我也见过像你们这样的,经历过漫长、痛苦的婚姻,之后甜蜜地再婚了。"我说道,随后又补了一句,"当然,也有不少人并没有在再婚中找到幸福。"

克里夫坐在椅子上,身体前倾,诚挚地说,那样的人并没有提前做好准备工作。"他们没有说过:好的,我们今后要这样来打理我们这个重新组合的家庭。正相反,打从一开始,他们之间就划开了一道鸿沟。一方管教她自己的孩子,另一方管教他自己的孩子——在我看来,这就是巨大的分歧所在。"

我感到十分惊讶,因为说到管教孩子,大多数的再婚专家都建议采取这种策略——让亲生父亲(母亲)来负责管教事宜。继父(母)通常要十分谨慎,不要参与其中,否则将很容易演变为家庭危机。因而,专家建议他(她)应当扮演儿童的监督人与顾问,要充满同情心,同时,在某些行为规则需要强化的时候,让孩子的生父(母)来掌控一切。这样做的目的是防止成为"恶继父(继母)",或是遇上个刺儿头孩子,直接说"你没权利让我干什么!你又不是我妈（我爸）！"

"那你们俩是怎么处理管教孩子的问题的？"我问道。

这一次是莎拉回答了我。"我们的处理方式是在家里立规矩。"她不假思索地说，"所以每件事都必须按照我们说的那种方式做。再婚后，克里夫一开始搬到我家来的时候，我也曾经想过要自己来管我的孩子。我很担心我那几个熊儿子会造反。"她耸了耸肩，说："但是，那很可笑。你不能让跟你住在一块儿的人没有任何发言权——这是对他的一种侮辱。所以，我们深谈过，我们永远不会那么做。我们每件事情都要共同解决。"

她把目光久久地定格在我身上，打量着，仿佛希望我对她的这种策略加以反驳或是表示质疑。"千真万确。"她说。

小窍门：住在哪儿？

莎拉提到，是克里夫搬到她家里去的，那也就是说他是个局外人，对她的日常生活节奏一无所知——房子的空间布局是如何使用的；餐具和床单都放在哪儿；电视在哪儿，开多长时间；还有各种关于她家庭文化的规矩、要求和默契。

很显然，莎拉和她的孩子们是沉浸在这种家庭文化中的，克里夫想做出任何的改变都需要同她协商。从理论上来说，莎拉应该是不拒绝改变的，但是她会发现这对她而言——或是对她的其中一个或一个以上孩子而言——会很困难，当她的新伴侣希望改变他们生活中某些方面的时候（比如开电视的频率），当克里夫想要重新摆放家具的时候，他们可能会觉得这像是一种干涉。

有些再婚专家认为，在经济条件允许的时候，换一所新房子则会平衡局内人和局外人之间的压力。在这个案例中，搬家对于莎拉的孩子而言则意味着一次巨大的改变。众所周知，改变的速度上升，孩子的相关幸福感就会下降。所以，让克里夫搬进莎拉家，事情则会变得简单一些。在这种情况下，作为局内人的那一方要在两种需求之间不断斡旋，既要满足孩子对于稳定感的需求，又要满足新配偶进行改变的需求，因为改变能让他感到放松舒适。

克里夫自己有三个上高中的孩子，但这些孩子不跟他住，他们只会短期造访他的新家。因此，对于莎拉家的规矩、习惯而言，他们也是局外人。当一切进展顺利的时候，杜瓦利埃一家的情况就看似不错，新夫妇既要关照到局外的孩子们的内心困境，也要照顾到家中孩子们的情绪，因为他们可能会觉得是外人入侵。夫妇俩都要有共同情感，同时关爱"家中"的孩子们和"来访"的孩子们。再婚专家认为，给来访的孩子们准备一些指定的空间大有助益——例如，一个衣橱，或是卧室的一侧——一个属于他们并只属于他们的空间。

盛大的周四夜晚

我问莎拉，他们是否像我采访过的另一些再婚夫妇一样，会将家规贴到木板上或是冰箱上。莎拉咯咯地笑了,扭头朝向克里夫。"我想是的……这些家规有时候还会掉下来,我们会再给粘回去。"他们俩都笑了,然后莎拉转回头来看着我:"我的孩子们明白,如果他们问了克里夫问题,克里夫给出了答案,那这个答案就是我会给的。我们会先商量好那个答案。我们都是很容易相处的人,但是我们有明确的尺度。"她用一种和蔼的语气说道。

我问他们,生活当中的一些小事,例如孩子们进门的时候是会把大衣挂好还是随意搭在椅背上,这些会不会成为他们争吵的导火索。"像这样的事情——小事情——不同的家庭具体情况都不同。"我追问道。

克里夫咧嘴笑了:"我们的孩子从来不会把东西放好。湿毛巾、运动鞋、其他的鞋子、大衣、书本、背包、碗碟……"说到这儿,他和莎拉又同时大笑了起来。

"他是说,我们家很干净。"她宽慰我说,"因为我老是追在他们屁股后面跑,或者是克里夫追在他们后面跑。不过,我们对于某些事情是非常看重的——比如,在大家都坐定之前,不能有人先开吃。这是我们家的一条大规矩,他们永远都不能忘。"她停了下来,仿佛是努力在想家里的另一条规矩。

接着,克里夫说话了:"是的,还有,家庭晚餐日是周四晚上。那天,我们所有的孩子,莎拉的孩子,我的孩子,都会一起共进晚餐。"

我问他，是否那天是他的监护日，他点了点头。他的孩子们在每周四晚上，隔周的周末会来到他家。"周四晚上是个盛大的夜晚，因为大家都知道他们不能有其他安排。暑期的时候倒没有这么笃定，但是在学校上学期间，他们都知道只要不是有运动会，我们晚上就会在一起过。"他告诉我。

"所以你们俩是共同制定家庭规则的。"我若有所思地说，"但是如果有人触犯了这些规则，那会怎么样呢？会有什么后果吗？"

莎拉点点头："是的。我女儿在上十年级的时候喝了酒——干了一杯还是什么的。所以，我们让她写了篇文章，论生活中重要的事和交对朋友的重要性，并且罚她两个星期不许出门。"她停下话头，咧嘴笑了，然后扭头转向克里夫，他也大笑了起来。"你还笑。"她说着又转回头看着我，"克里夫在家中工作，所以那段时间，他被迫和我女儿黏在一起，不过其实，我女儿和克里夫之间的关系是很亲密的，她跟她爸也很好，所以这些事情她处理得不错。"

"你觉得她不会在选择配偶上重蹈你的覆辙吗？"我问道，因为莎拉的前夫打从一开始就公然拈花惹草，最后还抛妻弃子，跟他最后一个情人走了。

"关于这一点，我确实有些担心她。"莎拉严肃地说，"她很可爱，很聪慧，充满活力。但她老是会喜欢上那些……怎么说呢，我不知道……那些不是真对她好的男孩子。在这方面，她还在慢慢地成长。我们俩确实挺担心的。"

"是的。"克里夫一边动情地说,一边靠到妻子身边,把手轻轻地搭在她的肩膀上。

我原以为我可以帮他变得快乐起来

莎拉在 21 岁的时候嫁给了她的第一任丈夫。她的童年是在康涅狄格州充满乡村风味的城郊度过的,无忧无虑,晴空万里。她们家住的房子是她爸爸自己建造的,带有额外的厢房。她挚爱的爷爷奶奶退休之后就住在那里。她有个弟弟,现在关系还很好,还有两个亲爱的姑姑——她爸爸的姐妹——家住在不远的地方,一个在纽约,一个在长岛。"我们所有的假期和暑期几乎都在一起度过。所以我们表兄弟姐妹之间的关系就更好了。他们像是我的亲兄弟姐妹一样。"她温情地说。

听起来,莎拉来自一个很棒的家庭,我想——从逻辑上来说,不像是会走向一段令人精疲力尽,充满无礼不恭,最终以破裂而告终的婚姻。我让莎拉补全下面我说的这个句子:"我的第一次婚姻可以描绘为_____"

"一次充满挑战的学习经验。"她简短地回答道,我让她把话详细地展开谈一谈。

她深吸一口气,接着一声叹息:"我们在我大学毕业六周后就结婚了。所以,很显然,我当时非常年轻。我从 18 岁就开始认识我前夫了,在我看来,他一直是个很不快乐的人。我猜那个时候我是真心想让他知道生活有多美好,我可以把他带入一切美好中去,带到我幸福的大家庭中去,他可以成为其中的一员,愉快地生活下去。但是我渐渐意识到我们两人的观念有巨大的分歧。我是那种乐观的人,有半瓶水就觉得那一半是满的,而他想到的却是另一半是空的。这也就意味着他永远不知足——不仅是对于我们的婚姻,对于其他的一切都是如此。他总是在不断追逐着某些东西——更多的钱,更多的物质,更多的一切。"

在他们结婚的头几年,这对夫妇住在德国,那时,汤姆在后备军官训练项目(the Reserve Officers' Training Corps)中服役。莎拉觉得这对于一段婚姻而言是个好机缘,因为他们没有跟家人们生活在一起,什么事情都得靠自己。"我是说,只有我们俩在德国。但是,汤姆身上带有一种攻击性的气质。他看起来就像个军人。我得不停地为他身边的各种事情做缓冲,抚慰他,软化他的棱角,让他开心。但是,从长远来看,这必然是不奏效的。他有了外遇。"她脸上的表情十分痛苦。

"他有了外遇。"我平静地重复了一遍她的话。

她点了点头说,实际上据她所知的出轨就有两次——第二次是跟一个19岁的年轻姑娘,整整好了一年。那时,他们已经搬回了康涅狄格州了。"我自己也很年轻,只有27岁,我们还有四个年幼的孩子。他就跟别人保持了这种长期的关系。"她是在一次电话中发现丈夫的婚外情的,她拿起电话打,结果就听到了丈夫跟情人的对话。

一开始，他坚称他和那个年轻女孩只是一夜情，但最终，整件事情还是水落石出了。

"现在还困扰我的是，他从来没给我道过歉，从来没说过他为这件事感到后悔难过。"莎拉一脸迷惘地说，仿佛她还在为前夫的所作所为感到惊诧，不仅是因为他做了错事，还因为他竟然毫无愧意。

那时，他们一直住在莎拉家附近，在这场婚姻危机爆发之后，他们搬到了康涅狄格州的另一个地区。"我们俩想重新开始，所以我们搬到了纽黑文市（New Haven）边上的一个小城，搬到位于康涅狄格州的伍德布里奇市（Woodbridge）的一所漂亮的老宅子里。"她停下了话头，耸了耸肩，仿佛在说，"你又能指望些什么呢？"接着她又说，在那段时间，汤姆又故伎重施了：他又找了情人。"又一次，我阴差阳错地接了电话，然后就全知道了，我真傻。"莎拉自我挖苦地说。接着，她又用一种惊恐的语气说道："这一次，他走了。"

一股正在持续的破坏力

虽然莎拉将自己愚蠢的择偶行径归咎为她结婚时才21岁，但克里夫结婚的时候却已经三十出头了。他将这一段维持了12年的婚姻描述为打从一开始就成形的"灾难"。我让他把话说清楚，究竟是什么样的问题。"我们就是完全不同的两种人，性格完全不同，价值观也完全不同，两人在一起根本就维持不了多长时间的。我们没有共同基础，感情上也好，学识上也好，都没有……"他的声音渐渐弱了下去。

我让他多说一说关于他前妻的事儿。"罗琳不只是不好相处,她还往前迈了一大步——她有心理问题。"他回答。之后,他就什么也没说了。于是,我继续问他,是不是觉得前妻患有抑郁症。

克里夫摇了摇头:"如果让我诊断的话,我觉得更像是所谓的'边缘性人格障碍'。"这种特定的精神症状会有五花八门的各种表述。所以,我问他是否能给我们举个具体的例子来说明。

克里夫转向莎拉说:"你能想出个例子吗?"

"嗯,就她离开你的那种极端方式。"她转身朝向我,说,"罗琳也有个长期的外遇对象,是他们俩的一个好朋友——所以我觉得这事儿这么龌龊。她老是撒谎,而且充满了控制欲。光是想学会怎么应付她就十分困难了,因为她来来回回地在人堆里混,实际上却一个朋友都没有。其实,我和克里夫就怎么应付她都去接受过治疗。"

瞬时,克里夫发出了凄厉的笑声。"我们的每个星期都在经历着系列闹剧新章节。"莎拉脸上也挂着烦躁不安的神情说,其实他们真的不愿意把时间都花在跟我讲克里夫的前妻上,但事实上,他们却每天都在应对她。我笑了,并希望克里夫描述一下最近一次罗琳对他们的骚扰。

他又一次犹豫了,仿佛是迷失在了前妻成功制造的各种困扰与烦乱的团团乌云里,不知该从何说起。接着,他开口了,用词谨慎,语速缓慢地说,她最后跟那个情人结婚了,这俩人经常出去旅行。

"从一个方面来说,她觉得我不是称职的父亲,所以我的孩子们只能在探视期来我家——每周四和隔周的周末。照字面来说是这样的。"

"但三个孩子现在分别已经是 17 岁、16 岁和 14 岁了。"莎拉插话进来说,"他们就住在几英里远的地方,也都愿意多点儿时间过来。"

"从另一个方面来说,如果她要出去旅行的话——她的印度之行的方方面面的细节都对我们详细讲述到令人作呕的程度——那么,所谓称职妈妈的形象就荡然无存了。她会近乎威胁地告诉我们,她不在的时候,我们必须带三个孩子。事实上,比如我们今天刚刚接到她的邮件,明天就得同意带孩子。"

"我们非常愿意多跟孩子们待在一起。"莎拉解释说,"我们只是希望她能让孩子们想来的时候随时过来——不只是探视期和她决定去旅行的时候。"

"她断然拒绝,说这不可能,没门。她会突然造访我家,然后就开始谋划弄出点什么别的幺蛾子来。"克里夫一脸冷峻地说。莎拉一边将一只手放在他的膝盖上安抚他,一边说:"我想我们越幸福,她就会越气愤。因为她一点儿都不幸福,所以整个局面就越来越紧张了。"

我问他们,他们咨询过治疗师之后是不是对整个情况有所帮助,他们俩都点了点头。"噢,是的。"莎拉说,"她向我们解释了——主要是向我解释,因为我是新来的——她说,克里夫的前妻是永远不会改变的。她告诉我无论我做什么——无论我采用什么样的策略——她都会我行我素，一直到她死的那一天。所以，我既没办法应付，也不能一走了之。就是这样。我没有任何选择。这对我来说倒像是一种解脱。我意识到我可以对她好，试着接纳她，但她是不会改变的。所以我们就是这么做的。问题最糟糕的部分已经过去了，因为那个时候无论我们做什么，我心里都清楚……"她的声音弱了下去。

"你都清楚你是改变不了她。"我替她说完了这句话。

克里夫俯身向前，说道："即便莎拉伸出手去，试着跟她好好相处——她一开始也的确是这么做的——罗琳都会想办法插到我们中间来搞破坏。她就是个极具破坏性的人。所以在这一点上，我们都不愿意多聊，会尽量避开这个话题。"

作为父母而言，他们俩仍旧处境艰难，莎拉说，因为克里夫的三个孩子还处在不断持续的风暴正中央。她声音中透露出的焦虑和沮丧让我觉得，仿佛她在说的不是丈夫的孩子，而是她自己的。

前妻综合征

正如桑德拉·卡恩（Sandra Kahn）在《前妻综合征》(*The Ex-Wife Syndrome*)一书中所写的一样，虽然在数年之前，前妻们就已经离开了，但有两种主要方式能让她们和丈夫继续"婚姻"关系。这两种方式虽然从表面上看极为不同，但内在的目的是一样的：为了保持婚姻这条电路的通电性，虽然在法律上来说，这根电线早就被切断了。

其中一种方式是在情感上继续依恋前夫，就像是马修的前妻所做的那样。弗兰不仅仅与马修的新任妻子朱莉形成了深厚的友谊，而且还继续成为加布唯一"真正"的母亲，即便是在朱莉经常性地成为加布的照管人的时候。弗兰还会挑她和马修首次相遇的周年纪念日给他打暧昧的电话，让她的前夫知道他还是她生命中的那个男人。在很多年之后，她才将这第一次婚姻的线路给切断。卡恩把这种将情感仍旧倾注在一段过往关系中的做法称为"关爱束缚"。

另一种方式是在已经消亡的婚姻中泥足深陷。这种做法被卡恩称为"怨恨束缚"——克里夫的前妻每周上演的闹剧表明她选定的正是这个方向。莎拉相信，虽然罗琳最终跟自己的情人结了婚，她的不幸福感却没有得到根治。"她没有社交生活。虽然她经常在人堆里穿行，虽然似乎忙忙碌碌的——这一点并没有得到解决。"她说。之后，她又补充道，这些闹剧所带来的影响就是他们夫妻俩所要解决的最严重的问题。

那么罗琳满是敌意地入侵杜瓦利埃夫妇这个幸福惬意、运转良好的家庭，其行为的根源到底是什么呢？一个幸福感满满的人，对自己信心十足，情感上拥有安全感的人，很少会感觉到需要像克里夫的前妻所做的那样到处挑拨是非，煽起坏情绪。但是，莎拉曾经提到，她和克里夫看起来越是幸福，罗琳就越是气愤。正如卡恩写的那样："（女人）那些跟前夫的关系被愤怒和嫉妒所主导的人经常会被争斗所吞噬……嫉妒是建立在强烈的欲望之上的，不希望一件被自己视为个人财产的东西被另一个人拿走。"

当初，罗琳留下的是一个被她毁掉、千疮百孔的男人；现在她遇到的却是一个因为新任妻子莎拉而变得兴高采烈、神采飞扬的男人。我怀疑，她频繁地对杜瓦利埃一家找茬正是与卡恩所说的"怨恨束缚"有关。虽然罗琳是那个主动放弃婚姻的人，她却认为克里夫（在她内心的某个暗处，还认为他是她的个人财产）应当为了她永远痛苦下去。他现在的幸福——以及对她不加掩饰的冷落——就演变为她的怒火中烧，成为她所认为的奇耻大辱。

我为什么要留下？

莎拉将她的第一次婚姻描述为一次"充满挑战性的学习经历"。于是，我问她从中学到了什么。

她皱了皱眉说："我学到了很多关于自我的事情，因为从那以后，我就会对自己说，为什么我会忍那么长的时间？"我低头看了看我的笔记，这提醒我意识到她之前与那个让她伤痕累累、背叛成性的前夫维持婚姻关系长达整整 18 年的时间。"还有，为什么我的底线那么低？"她用一种平静而尴尬的语气又说了一句。

我等待着，想听她为自己的问题给出解答，但是她并没有给出答案。于是，我冒昧地问了她在高中和大学期间是否有许多女伴很轻易地被男性所压制。

她坚决地摇了摇头："大体上来说……"她没有说完这句话，就另起了一句："如果你要问我的母亲或是祖母，什么是婚姻成功的秘诀，她们会告诉你——是女人：她们承担大多数安抚工作，以保证一切进展顺利。现在，我爸爸就非常——我要说，我爱的爸爸！——但他是个十分情绪化的人。因此，时而他会大声叫喊，时而会放声哭泣，反正就是充满了戏剧性。我的妈妈就随时跟在他身边，踏踏实实地埋头干，让一切都能顺利展开。"

我朝她点了点头："所以这就是你从中学到的。"

她点点头表示同意："是的，我自己也嫁给了一个情绪不稳定的人，总是起起落落的，而且是悲观消极的那一种。说真的，汤姆那时患有抑郁症。可那时的我不知道,而且心中牢记着这种模式,认为女人就应该让一切有条不紊地进行。我的妈妈和祖母都是这么跟我和弟弟说的,在婚姻上,你们要有全局观。虽然有时候情况可能不尽如人意,可是也有很棒的时候,所以,如果你遇上了难关,也要记得那些好时候。我已经尽力而为了,但是如果你的配偶无心配合你的话,也是无济于事的。"

我大声回应说,当她做出离婚决定时,她的父母一定是大为震惊的。"是这样吗?"我问道。

莎拉笑着说她的亲戚们还是接受不了这件事。"我妈妈都没法说这个,因为她很生气,这个男人竟然扔下我和他自己的孩子跑了!所以,我只能禁止她提起这件事儿,尤其是在他们真心喜欢上克里夫之后。他们真的很喜欢他,我们的几个孩子之间关系也非常好!"

"听起来光是离婚这个词儿就让他们震惊不已了。"我说道,克里夫笑了。

"是的,就好像离婚的是他们一样。"他说。莎拉也大笑起来:"说得对!就好像我前夫抛弃的是他们。他们始终都接受不了这个事实。"

寻找灵魂伴侣

我的下一个问题是提给克里夫的:"这次婚姻和第一次婚姻的主要差别是什么呢?"他不假思索地回答了我:"噢,这一次,我找到了我的灵魂伴侣。"

莎拉微微地跃动了一下,就好像有人捅了她的背。她扭过头去看着克里夫,克里夫也俯过身来,在她的唇上轻轻一吻。

"我们俩共同分享一切。"他又转身回来对我说。

"是的,分享一切。"莎拉赞同地说。

"情感上的,学识上的,还有孩子。"他说。

"所有的一切。"莎拉也在一旁响应道。自打他们最初相识之时就一直是这样的,他们能感受到对彼此强烈的依恋。"克里夫太好了。他就是这么一个好人。我每天出门的时候,我知道有个人在惦念我——想知道我晚上几点回家,担心我是不是安然无恙。"

我又转向克里夫,问他当时对第二次婚姻的幻想是什么,觉得第一次婚姻跟这一次会有怎样的差别。这些幻想成为现实的有哪些？又有哪些跟之前想象的不一样呢？

　　他愣了一会儿，然后耸了耸肩。"我不觉得自己对于再婚存在过任何的幻想。我单身了一段时间，那几年我把精力都放在孩子身上，同时也把部分精力放在自己身上，努力让自己变回那个熟悉的自己，能让自己说，噢耶，那就是克里夫·杜瓦利埃。我认识他，他是个相当不错的人呢。就是这样而已，所以我那时候都没有认真地出去约会过。之后，我遇到了莎拉，一切都变了。在遇到她之前，我对于谈恋爱恐惧得要命——其实是对所有的情感关系都充满了恐惧。我并没有在脑海中勾画什么很棒的事情，那对我来说太遥不可及了，就像是从黑白两色直接过渡到五彩缤纷的调色盘。"

　　"你是被离婚打击得无所适从，除了重新休整自己和与孩子抱团取暖之外，已经想不到别的太多东西了。"我说道。我用的是个陈述句，并不是提问句。

　　克里夫说是的，当时的他所处的状况和所能梦想的实在相距太远。"很可能我意识到光幻想、期待、做梦人生会变好也没什么用。我猜我那时应该是这么想的：嗯，我肯定是找不到的。"

　　"你肯定是找不到的。"我面带笑容地重复了他这句话，"你连幻想都没幻想过像这样的感情，却真的发生了。"

　　"是的，真的发生了。"他说着捏了莎拉的肩膀一下，"在这短短的一段时间内——四年间——我们拥有了无数美妙的时光。当然，也经历过艰难的时期。我们俩都是齐心协力度过这些艰难时光的。"

"解决那时候发生的一些事情，"莎拉立刻补充道，"不是说我俩之间关系紧张。"然后，杜瓦利埃夫妇解释道，在他们在一起的那短短几年中，双方都经历过失业，都为生活所迫出去寻找新的工作。在那些充满了不确定性的时期，他们总是互相支持。

我又问了莎拉与克里夫一样的问题：这次再婚中的哪些部分是之前预想到的，又有哪些部分与预想的截然不同呢？

与克里夫的反应不一样，莎拉把再婚想象得十分艰难。"我始终觉得很紧张。我有三个儿子，所以我又怎么敢想让另一个男人进入我们家，还能跟他们融洽相处呢？我的儿子都站在我这一边要保护我，他们也承受了很大的压力。他们年龄足够大了，当汤姆收拾行李走出家门的时候，他们心里都很清楚发生了什么以及为什么会发生这样的事。所以，我真的觉得很不可思议，我们竟然安然地渡过了这一切，而且克里夫和我的儿子们也相处得很好。如果他不爱我儿子的话，我是不会嫁给他的，但令我惊讶的是一切都顺利极了。"

接着，莎拉给我讲了她大儿子弗兰克的故事。那时他只有九岁，听说克里夫要搬进来跟他们一起住，就开始哭了。莎拉被吓了一大跳，因为孩子们应该很喜欢克里夫，也为他们相爱感到高兴。弗兰克反对的理由是他们还没有结婚。"我说，我们马上就会结婚的，他说好吧，可我没看到你戴戒指。他紧张的是这个新男人也会离我们而去。"

很明显，她儿子害怕的是这个家庭会被再次遗弃，这样的痛苦是他们承受不了的。于是，为了安抚弗兰克，莎拉和克里夫约见了一位建筑师，让他扩建房子的一侧好让克里夫的孩子们探视期来访时有地方可以住。这可以充分表明克里夫是可靠的，他会在这里住下来。

我问莎拉成为一名继母是什么感受，她回答说感觉棒极了。"在我见到克里夫的孩子们的时候，他已经离婚三年了。所以，当知道爸爸有了女朋友，他们都兴奋极了！他们人都很好，很包容，一直以来都是如此。我一直在等，一直在想：噢，他们会怨恨我的，或是这些姑娘会嫉妒我的。但是并没有，孩子们都好极了。"

她转向她的丈夫："我必须承认，你的孩子们比我的那些孩子们要坦率开明得多。"

克里夫对我说："他们非常非常地爱莎拉。"

"我也爱他们！"莎拉说。

"你应该已经意识到了他们的母亲并不稳定。她不温暖，不亲和。莎拉却是稳定、温暖和亲和的化身。她真正意义上给了他们一个爱的港湾。"

我不由自主地想起我在文斯黛·马丁的著作中所听到的种种与之相悖的预测。在《继母》一书中，马丁断言女性争夺丈夫（继父）宠爱的竞争是不可避免的。"就像金钱一样，丈夫是一种有限资源。他只有一个，身上的时间和精力都是有限的。"尤其是女儿们，她说，在父亲再婚后，很容易会与继母争夺父亲最大程度的关注和宠爱。"她们会倾向于采取一些行为,将这位走进父亲生活中的新女人推到局外人的位置上。"她如是写道。

"你觉得在这个家庭中,你是局内人还是局外人呢?"我问莎拉。

"局内人。"她不假思索地回答。

我也问了克里夫同样的问题,他也说,他觉得自己是局内人。

重获幸福的秘密

再婚大大改善了杜瓦利埃夫妇的生活质量。他们齐心协力将两个家庭融合在一起,想办法避免负面情绪的滋生。他们两家的孩子也相处得很好,虽然孩子间的亲疏关系并不一样。正如莎拉所说的:"我想他们的心是连在一起的。他们都很努力,都希望这次婚姻能够圆满——这很有趣,你不觉得吗?"

我确实觉得这个很有趣,因为现有最具权威性的理论框架——帕特丽夏·佩培瑙的建构模式——告诉我们说,在再婚家庭中,局内人/局外人的问题是准保一定会出现的。但是,杜瓦利埃夫妇和他们的七个孩子却几乎没有经历过什么明显的摩擦,就融洽地生活在一起了。我之前采访过的另外一些再婚夫妻也有类似的经历。这些夫妻后悔的只有为什么早几年的时光,要浪费在维持痛苦无望又无解的婚姻关系中。

那么,为什么幸运女神会眷顾这些夫妻呢?

当我向佩培瑙讲述了像杜瓦利埃夫妇这样的似乎与她的建构模

式不吻合的案例时,她大笑起来,告诉我因为这些夫妻不属于会走进治疗师的办公室寻求理解和解决问题方案的那些人。正相反,这些顺风顺水的夫妻恰恰就是那些人,他们不仅怀揣着合乎现实的期望,有高超的人际沟通技巧,而且对另一半遇到局内人/局外人矛盾问题时所经历的困境,有着出众的领悟力。他们也完全理解再婚家庭中的所有孩子都经历过巨大的苦痛——初婚家庭的破裂——所以,应当小心翼翼地去呵护他们。

取得这种成功的另一大潜在因素是再婚的夫妻双方都是不受佩培瑙所说的"旧时精神创伤"困扰的。譬如,如果那位继母是在让她觉得自己像个局外人的家庭中长大的话,那么她很可能会对排斥她的环境做出过激的反应——比如,假如她的配偶和他的孩子们详细地追忆一次愉快的境外旅行,而那次旅行是早在她来到这个家里之前发生的。

可以肯定的是,以上所有因素都不一定足以让再婚家庭轻轻松松地过渡到和谐的状态。根据有关再婚家庭的文献记载,最关键的是要让牵扯其中的孩子们有积极正面的感受——而我想补充的是,同样重要的还有继父(母)的性格特质、两家人的匹配度以及许多看似平常又老套的好运气。

第四章

"软—硬—软"的沟通策略

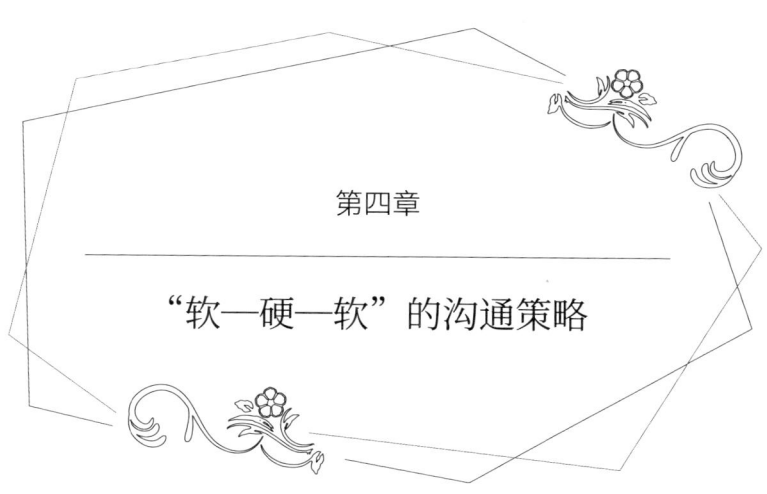

"软—硬—软"策略是一种简单却极其有效的沟通技巧:将难以处理的信息像做三明治一样包裹在两段友好的、易获取理解的表述之中——一段在前,一段在后,中间夹上直指问题的棘手馅料。

充满争吵的婚姻

欧文与艾比·贾米森都是60岁出头的年纪，在我们访谈的时候，他们已经结婚十多年了。这些外貌年轻、神采奕奕的伴侣们让我想起了现在的一句流行话："60岁又是一次崭新的40岁。"艾比·贾米森打扮清爽，留着一头赤褐色的头发，浑身上下都充满活力和具有社交力。她的丈夫欧文则是一个个子高高、身形壮硕的男人。他皮肤黝黑，长相耐看，留着一头卷发，两侧的鬓角上透着浅灰色。

我发现欧文比他的妻子显得更拘束，只要有可能，他就喜欢默默无闻地躲在妻子身后，衬托她的热情洋溢。所以，当我问他们在再婚生活中遇到的最大的惊喜是什么，我根本没想到他会率先回答，但他却这样做了。

"是罗伯，艾比的儿子，我们再婚的时候他才10岁。他不加掩饰地表示他讨厌我，怨恨我成了他的继父。他不想住到我家来，或是去这个社区上学，或是做任何跟我有关的事情。我感到震惊失望，我觉得太痛苦了。"欧文用一种低沉而受伤的语气说道。

"他的内心十分柔软,"艾比一边说,一边摸了摸丈夫的肩膀,"他所有的学生都喜欢他。"她又怜爱地加了一句:"对于有个继子排斥他这件事,他根本毫无防备。"

欧文·贾米森是位于康涅狄格州米德尔顿镇的卫斯理公会大学(Wesleyan University in Middletown, Connecticut)的一名教授。这是他们俩的第二次婚姻,他们在快50岁时结合了。我问欧文,他有没有把自己的孩子也带到这个新家庭来,他微微犹豫了一下,然后告诉我,他有两个"真"儿子,还有一个养子。"换句话来说,我的前妻给我生了两个儿子,同时我还有个养子,那孩子其实是我前妻婚前的私生子。"

他自己的两个孩子在他离异的时候,一个9岁,一个10岁。他的养子那时已经13岁了。在第一次婚姻破裂后,他单身了很长一段时间,现在他的孩子已经是20多岁和30岁出头的年轻小伙子了。他的养子已经结婚了,其他两个还是单身。"你跟他们关系密切吗?"我问道。

"我跟他们仨关系都很亲密。"欧文毫不犹豫地回答。

我又转向艾比:"你跟他们关系亲密吗?——或者说,没有那么亲密?"艾比的脸突然红了,我从她的表情解读不出她的答案。

"我不会说跟他们非常亲密,我们之间很友好吧。"她小心翼翼地说,"我不是个冷漠的人但是当我们在一起的时候,他们已经成年了或是接近成年了。"欧文的小儿子那时已经上了大学,在父亲再婚之后，三个孩子都没有跟夫妻俩住在一起。

当我问欧文，他的上一段婚姻持续了多久，他似乎是被我这个俗气的问题给吓了一跳，最终，仿佛是无奈地承认了，他说："20年。"

艾比笑着打断我们说："这有两种不同的计算方式，麦琪。一种是实际时间；另一种是从情感角度出发，感觉持续了多久。"

我也大笑着对欧文说："也许是200年？"

他笑了，神情轻松起来。"大概就是那样的。"他说。

我问他，他的几个儿子跟生母的关系是否亲密。

"不。"他说，但却没有进一步解释。

"所以，他们跟母亲关系不亲密，但跟你很亲密。还有吗？"我进一步向他施压。

"她有点神经病。"艾比插了进来。这句话我听着很耳熟，在我的访谈中经常能听得到。人们经常形容他们的前夫前妻为"神经病"或是"泼妇"，但如果配偶是去世了，那多半就是神圣不可亵渎的高尚人物。

我希望欧文能多对我说一说他的第一次婚姻。他耸了耸肩，感觉很不舒服地说："就是乱七八糟的样子。"

我在本子上做了笔记，然后抬起头直视着他的眼睛："乱七八糟，怎么个乱七八糟法？"

"我的第一任妻子喜欢双方对抗，争吵辩论。我不是她那种人。

我既不喜欢对峙,也不愿意争论,但她却要把我们生活的方方面面都卷进争斗中去。"他的嗓音里透露着一丝尖刻。

"那在育儿方面呢?也是你们开战的导火索吗?"我温柔地问道。

"一切都是,但说实话,主要都是我在照管孩子。她一般都是自顾做她自己的事儿。她觉得自己是个音乐家。"欧文又耸了耸肩,仿佛是觉得他前妻这种想做音乐家的抱负是多么滑稽可笑。

我问他,他前妻弹什么乐器,他简短地回答:"吉他。"

"她是嬉皮士吗?"我试探性地问道。他耸了耸肩说,她参加过伍德斯托克音乐节。

"她吸毒吗?"我问道。他回答说:"不,据我所知她不吸毒。她也许服用过一些处方药,但都是合法的。"

"她忠于婚姻吗?"我问道。让我惊讶的是,欧文愣住了,神情困惑。"嗯,"他最后说道,"我不知道。"

"你不知道。"我重复了他说的话,"你曾经想过这个问题吗?"

"是的,我想过。"他回答。

"但是你也不敢肯定。那你试图问过她这个问题吗?"

欧文说他没有,于是我问他为什么没有这么做。"这样做太具有对抗意味了。"他回答道——他的话让我一时不知该如何回应,因为我觉得这太古怪了。我们之间的对话仿佛让艾比非常紧张,因为她突然站了起来说她要去烧点儿水,给我们仨喝的茶里添点儿热的。

"所以，即便你的脑子里闪过这个念头，你也不愿意为此而吵架。"在艾比离开的时候，我又继续问道，"你的前妻有没有指责过你，说你不忠于婚姻呢？"

欧文摇了摇头说没有。忠诚并不是这场婚姻中的核心问题。"真正的核心事件是争吵。我们总是不断在吵架、吵架和吵架。"

决定放弃

从严格的法律意义上来说，艾比的第一次婚姻持续得与欧文一样久。但是，在离婚之前，她就与她的前夫分居数年了。当我要求她具体说一说他们这段情感关系时，她告诉我，从正面性上来说，她和她的前夫"情感深厚，志趣相投"。但从负面，也是更难解决的一面上来说，他已经变成了一个控制欲超强的人。"他要求事情一定要按照这样的方式，那样的方式，他的方式来完成，即便是我与他意见相左也是如此。可以肯定地说，身边有这么一个人，可不是什么好事。"她一边说，一边将双手交叉放置于胸前，这是一个自我防备的姿势。

她是在以色列的基布兹（一种集体农庄）（a kibbutz in Israel）上遇到她的第一任丈夫的，他是个犹太人。我问她，他是否有宗教信仰。艾比笑着摇了摇头。"不，我从小就是个天主教徒，但是我比他更像个犹太人。在我们家，是我教导儿子了解各种犹太节日的。加里（Gary）对这些事儿没有任何兴趣。还有，"她回想了一下又说道,"他不忠于婚姻。"

我决定将这个罪名暂时先放到一边,于是,我问他们是结婚多久之后才有孩子的。艾比告诉我,他们结婚13年之后才有了孩子。"在那之前呢,在那么长的时间里,你们认真考虑过要孩子吗?"我问。

她摇了摇头:"没有。我又回去上学了,拿到了临床社会工作的硕士学位。加里也在忙于发展事业,现在是做跨国生意了,做农产品的运输。还有,我们也分居了那么长的时间。"

"是加里出轨导致你们分居的吗?"我问道。她点了点头,品了一小口茶,然后说道:"是的,我真的觉得有一种巨大的解脱感,因为我们俩一点儿都不合适。我总是感到压力深重,觉得精疲力竭。我不想配合着他的步调走,不管当时到底发生的是什么。"

"所以,导致你们分居的更多是因为控制欲的问题,而不是忠诚问题?"

"噶嗒"一声把茶杯放回碟子上,艾比若有所思地说:"是的,大体上来说是这样的。控制欲是核心问题。是他的控制欲让我们之间的关系不堪忍受。"但是,过了一会儿,她又嘟嘟囔囔地说:"控制欲和他的忠诚度。"

"你指的是什么呢?"我顺着她的话往下问。

"我是指他的婚外情。我再也不想忍受这样的事情了。话说回来,我们在分居了一段时间之后,又聚在了一起。我们再次商谈了我们之间的关系。在很多具体的方面，我们恐怕要做出改变——但是，事实上并没有。我后来清楚地意识到，加里是不会忠于婚姻的，于是，我放弃了。我做出这个决定其中一个非常重要的原因是考虑到我的儿子，罗伯。我对自己说：你永远都成不了这个孩子称职的母亲。但我心里还想把他的父亲碎尸万段，这种理想又怎么可能实现呢？"

婚姻中最重要的是爱

我让他们俩描述一下这次婚姻和上次婚姻之间的差别,这一回我没有具体指定由谁来回答。"这回有趣太多了。"艾比笑着,不假思索地说,"欧文没兴趣控制任何人,他就不是那种人。"

"我会说我们现在的婚姻最重要的部分是爱。"欧文说。他的嗓音听起来十分严肃。我深受触动,因为对于这位沉默寡言的教授来说,这句坦率的情感表达无异于一场激情四射的长篇演讲。

我冲他笑了笑说:"这是一段充满爱的情感关系,那么上一次呢?一段充满敌意和争辩的情感关系?"他点了点头说,其实在第一次婚姻开始之初也是浓情蜜意的,只是那种爱意很快就消散不见了。

艾比似乎若有所思。"你有什么话想说的吗?"我问她。她点了点头:"噢,我就想说,这次婚姻真的有趣太多了,但这还不是最关键的。"

欧文扭过头去看着她说:"我同意你的观点,真的有趣多了。"

"我们都很爱玩儿。"艾比说,"我们会一起做些傻事,例如,像是变装。上个星期,我们在一次他以前的学生举行的晚宴上参加了一个变装比赛。欧文打扮成一个密西西比河流域的石油大亨,我是他妻子,一个美艳的花瓶。我打扮成优雅的牛仔女郎,穿着绸缎衬衫,戴着金色假发,还穿着牛仔杀手靴。"艾比兴奋地告诉我。

"一等奖奖品是一大块巧克力。"欧文满脸堆笑地说。

"你们俩玩得很尽兴。"我笑着来回打量着他们俩。

"是的,所以我说这就是爱——还有忠诚。"艾比的嗓音里透露着心事。

"你不会觉得欧文的目光会飘过你,看看别处还有谁在?"我问道。

"从来不会。"艾比回答,"我从没有过这种感觉。还有,我们之间也有很深厚的相同的宗教信仰。"贾米森夫妇之前就跟我说过,他们俩都是印度一位著名的神秘主义者的信徒,他们几年前就是在前往这位圣人静修处的朝圣途中相遇的。

局外人转为局内人

我转向艾比,问了一个之前问过欧文的问题:在这次再婚之后,让她最为惊讶的事情是什么?她的脸上掠过了一丝阴云,然后说,她是第六代加利福尼亚人,她之前并不知道穿越美国全境,离开那个阳光明媚、四季如春,曾伴她一路成长的乡村竟会是那么痛苦,同时,她也无比思念家族大家庭中的每位至亲。"这些感觉排山倒海般地向我袭来,让我懊恼不已,也让我对我儿子罗伯满腔的怨恨毫无防备。他怨我将他和他的表兄弟姐妹,还有挚爱的外公外婆分开。"

诚然,对于艾比而言,在承受这些变化时,还有所得——她跟欧文之间缓缓拉开帷幕的幸福时光。但对于罗伯而言,这场新的婚姻意味着在经历初婚家庭破裂所带来的一连串变化之后,等待他的将是更多的变化,还有新的失落:不仅是那些情感剧变,颠沛流离,远离他熟悉的亲人,还有妈妈专属于他的爱也随之失去了。艾比恋爱了,精力不再集中在他一个人身上,这让她儿子不免觉得她因为生命中出现了这个新男人而舍弃了他。

这样的情况，不可避免会出现在许许多多再婚家庭中，也就是这种情况造就了再婚家庭独有的结构模式。这种模式的核心问题在于，新家庭会经历家庭结构的发展，一些成员将成为局内人，一些成员则会成为局外人，排除在现存的情感体系之外。这使得第二次（或以上）的婚姻与初婚的那种核心家庭在组织形式上会截然不同。

在这次婚姻中，艾比·贾米森是最终的局内人，终日在她的新伴侣和亲爱的儿子之间来回穿梭，疲于奔命。此前，她是个单亲妈妈，跟儿子度过了漫长的彼此相依为命的时光。欧文·贾米森则是个新人/局外人，震惊地发现自己被继子拒之门外，并且对于这个现存团体共有的家庭文化——他们那一套套对于日常琐事的惯常程序（比如，什么话算是粗鲁无礼的，什么样算是玩笑之词）——竟然一无所知，不得其门而入。这种恒定的局内人/局外人结构——再婚模式中最具代表性的构成——是大多数满脑子都是浪漫规划，一心打造幸福快乐未来的再婚夫妻们根本没有预计到的。

"在怎么当一名继父这个问题上遇到的困难是我始料未及的，也让我非常痛苦。"欧文讲述道，"它需要方方面面的磨合和适应，最后，我去找了一位治疗师，他建议我不要存有任何的期待，不要指望罗伯会喜欢我——现在所发生的一切都很正常，我应该去适应这种状况——我也照做了。后来终于有段时间，罗伯开始表示，我也不是那么糟糕的。我们现在关系挺亲密的。"

"这个过程花了多长时间?"听到这个消息后,我一脸欣喜地问道。

欧文伸出了三根手指,若有所思地低头看着自己的手:"我想大概是三年吧。"

艾比的脸颊上堆起了两团红晕:"罗伯那个时候在上初中,他老是凑到我们身边来,终于有一天,他问我,是否可以跟欧文到客厅里单独聊一聊。他们把门关上了。"

"跟我们说说吧。"我说。

艾比转身朝向她的丈夫,拍了一下他的膝盖:"你来说。我当时不在房间里,但也好奇得要命。"

"我们俩愉快地进行了一次敞开心扉的交谈,最要紧的就是罗伯告诉我,他认识到在我们结婚之后一直在排斥我是不对的,他向我道了歉。"欧文在回忆这次经历的时候,他的脸上写满了愉悦。"我们现在关系挺亲密的。"他又重复了一遍。

这一切的变化需要时间——三年的艰难时光——但自打那时开始,这个家庭的基础结构就开始了缓慢而稳步的革新,现在的欧文成了一个受人欢迎、自我感觉惬意的局内人了。

打造有"缺口"的家庭边界

众所周知,每个家庭都会在它们四周形成隐形的边界,每位家庭成员对于谁是自己人,谁是外人都一清二楚。但是,对于离异家庭和再婚家庭而言,它们都必须打造出"中间有个缺口的边界",好让孩子们能够自如穿梭于这个家与亲生父亲(母亲)的居所。在贾米森夫妇的案例中,有人可能会说,这个家庭的边界需要两个缺口,因为双方都拥有前段婚姻遗留下的孩子。但是,欧文的儿子们与他们的母亲是没有联系的,他的前妻和他新建立的家庭之间也没有往来。

我问艾比,罗伯和他爸爸的关系如何,她的表情一下子严肃了起来。"你指的是什么呢?"她谨慎地问道,双唇抿成了一道细细的线。

"他们关系亲密吗?"

这个问题让艾比一声叹息。"不,他的父亲做了很多需要罗伯原谅的事情,很多。我也需要罗伯的原谅。当我试图和加里离婚的时候，我和罗伯都承受了他不可遏制的怒火的冲击。还有，加里会做一些伤害罗伯的事情来报复我。"

"什么样的事情呢？"我问道。

"噢，他经常出去旅行，在他去美洲中部度假的时候，常常会带上这孩子。一到目的地，他就开始跟一个女人约会，那个女人连英语都不会说，罗伯之前见都没见过的。然后，她就跟着他们一起旅行。这事发生的时候罗伯还很小。下一次他跟孩子一起去旅行的时候，又会换一个女人随行。还有，加里大部分的时间都在工作，每天都在不停地接电话。一个 5 岁的小男孩到了一个连英语都不说的陌生国家，身边跟着一个陌生女人，他爸爸又根本就不管他。"艾比的嗓音里充斥着愤怒。

"对于一个小男孩来说，这该有多可怕呀。"我同情地说。

"是的。所以，幸运的是，我的儿子从欧文的身上学到了该如何做个男子汉，跟他的父亲不一样。"她欣慰地瞥了一眼她丈夫，"对于罗伯来说，欧文是个善良有爱心的男性榜样，这些是他自己的父亲身上没有的。欧文很耐心、稳重、有学识，不会反复无常……他一直都在。"她说道。但是，过了一会儿，她又叹了口气说道："可是，还是有段时间罗伯不愿意接纳他，那个时候气氛真的很紧张，日子真的挺难熬的。"

我转向欧文："他是怎么表示对你的抗拒的呢？是不跟你说话还是对你粗鲁无礼——还是别的什么？"

欧文直接将答案抛给了艾比:"我忍受不了的是,他常常对你傲慢无礼。"之后,他又转向我:"我们当时的做法是我不直接对罗伯下达命令或是告诉他该做什么。所以大多数罗伯的出言不逊和顶嘴都是针对艾比的,这深深困扰了我。"

"一般来说,你们是怎么处理孩子的管教问题的?"我问道。艾比说一般他们会先把事情彻底沟通好,但是如果是关于处罚和制裁方面的话,是由艾比来施行的。

我赞成地点点头,因为再婚研究成果也表明在管教孩子的出格行为上,应当由亲生父母动手。艾比又说道:"实际上,有几次罗伯对我实在太放肆的时候,欧文就会插手,但是这样的次数不多,而且他的做派也是很温柔的。"她一边宽慰我,一边扭过头去,向丈夫深情一瞥。

"软—硬—软"的沟通策略

在访谈的最后，我问贾米森夫妇一个压箱底的问题："你们的情感关系中存在的最重要的问题是什么呢？"欧文的手机就在那一刻响了。他匆匆看了一眼来电人的姓名就走到前厅电话去了。

艾比和我等待着。她眉头深锁，前额上显出三道深深的沟壑。

"我想我们性格不太一样吧。"她说，此时欧文正好折返回来，坐到她身边的黑色天鹅绒沙发上。她向他扭过头去，仿佛是在回答他的问题而不是我的："所以我学会修炼我的性情，我的——你们管这个叫什么呢——直肠子吧。"

"你是指你的暴脾气？"

她又转回头看我："是的，我的暴脾气。虽然欧文也是被我这个特点吸引的，但是如果我不小心的话，我的情感强度也会把他推得远远的。我还要表现得关爱有加、性情温厚，因为他确实很反感对抗分歧。而我的风格是，如果一件事正在进行，那么什么都得亮到桌面上来，而且都得是大刀阔斧的！重点是我确实学会了非常留意自己提出问题和我们讨论问题的方式。因为我知道如果我急得直跳脚,开始大喊大叫了,那对他来说是一种伤害。因此,我已经学会如何调试我自己的情绪,并且小心翼翼地将这些情绪传递给他。"

我深受触动。艾比·贾米森在深思熟虑、自我反省之后,似乎已经发现了这种"软—硬—软"概念的重要性。正如我们之前提到的那样,这正是佩培瑙传授给她的咨询者们最有用的解决策略之一。你也许能回想起,"软—硬—软"策略是一种简单却极其有效的沟通技巧:将难以处理的信息像做三明治一样包裹在两段友好的、易获取理解的表述之中——一段在前,一段在后,中间夹上直指问题的棘手馅料。

比如说,欧文·贾米森因为继子的冷漠回应而心灰意冷,黯然神伤,那他就可能疏远继子,继而开始对艾比挑刺,责怪她疏于管教,她的儿子简直"无可救药"。再然后,艾比可能就会气急败坏,指责她的伴侣是"要求太高"。重点是,这夫妻俩就会向两极分化,退到婚姻角斗场对立的两端。

但是,如果艾比先行一步,先靠近欧文,衷心认可他的良苦用心,再道出她的关切——"我知道罗伯真的对你太过分了,我真的好在意这一点"——这种换位思考将会在一种互相理解、互相同情、平和冷静的气氛中进行。

然后,在这种温软的陈述之后再道出更坚定、更难以处理的信息:"我知道你的耐心慢慢被磨没了,你发现自己越来越不能跟他友好相处，甚至不想承认他的存在。有时甚至他一进屋子，你就开始生气了。但是，你能不能再咬牙坚持一下，多给他一点同情心和关爱呢？"

这个难以处理的沟通环节之后还可以再加上一段温软信息加以缓和，这段信息可以是对美好未来的畅想。艾比最后的软信息部分可以顺着平息纷争、互相理解的逻辑往下走："我知道，你觉得我应该对罗伯更严格一些。你说得对。自从这孩子跟着我经历那些变故以来，我确实对他疏于管教。看到他进房间，连声招呼都不跟你打，当你完全不存在一样，这真的是让我很不好受。所以我打算告诉他，在你跟他打招呼的时候，他必须看着你的眼睛，郑重地跟你问好。那么如果他那样做的话，我希望你能更亲切地问候他。我非常清楚，这对你来说是很困难的。"

这种"软—硬—软"式的对话会与那种生硬的沟通方式产生完全不同的效果。在那种生硬沟通的方式下，欧文最终会暴跳如雷，冲着罗伯大声咆哮，骂他是个无礼讨厌的熊孩子，那么艾比就会跳出来保护自己的孩子，责骂她的配偶是个铁石心肠、作威作福、不可一世的人（在父亲这个岗位上的试用期要延长了）。这种沟通方式很容易就会演变成争吵——这种争吵将达不到任何共识，剑拔弩张的双方都会对对方的说辞充耳不闻。

很显然，贾米森夫妇是用智慧阻止了这一切的发生，正如欧文跟我说过的，在一场暴风骤雨即将到来之前，他们也能够退一步，再重新开始。虽然艾比是一个"喜怒形于色"的人——非把所有的牌都摊在明面上来说——她也成功地学会了该有的"软—硬—软"沟通策略,在摊牌的时候能够和颜悦色、温温柔柔。

第五章

修复原生家庭创伤

在情感关系方面，我们身上都存在一种倾向，会重蹈覆辙，不断回归到我们早期曾经所见所知的情感模式中去。

每个人都有内化的 GPS 系统

建构模式中所使用的"旧时精神创伤"一词，实际上包含在各种有关婚姻和家庭的治疗理论中，具体体现为一个人的过去在现下的生活中所彰显出的力量。

正如莉丽·平卡斯（Lily Pincus）和克里斯托芬·戴尔（Christopher Dare）所说的那样，在情感关系方面，我们身上都存在一种倾向，会重蹈覆辙，不断回归到我们早期曾经所见所知的情感模式中去。"有时候，在再次婚姻中，在选择配偶方面会重复自己过去的老路，这种情况是实打实存在的。例如，一个因为父亲酗酒留有童年阴影的女性会发现，她竟然选择了一个酒鬼为夫，跟他离婚之后，历史还会重演，她会再次嫁给一个酒鬼。"这些有名望的治疗师如是说。

简言之，人们不是每一次都能从经历中成长，或者，他们有时候是从负面的经历中学到了些不该学的东西，然后将自己弹到另外一个极端。比如，我采访过一对再婚夫妻，那位妻子的父亲是一个拈花惹草成性的人，但却是个慈爱的父亲，而与她离异的第一任丈夫就是很有魅力但却屡屡出轨的人——跟她的父亲极为相似——之后，她又嫁给了一个古板无情趣，但却忠实可靠的中层主管。她觉得生活无趣、孤独寂寞，也很不幸福。

这里体现的要点，是我们会将打从记事儿起经历的情感关系模式带入成年后的情感关系中去。也许并不像平卡斯和戴尔所举的"酗酒者"的例子那么直白，但是确实存在于我们的个人线路图中的——你可以把这个称为内化的"GPS系统"（全球定位系统）。因为那些是我们来到这个世界最先获知的真理，这些家庭模式告诉我们亲密关系如何维系，我们就知道这些：它们本身就是客观存在。也许这就是为什么，对于许多人而言，"现实是这样"就似乎意味着"一定得是这样的"。

家庭治疗师帕特丽夏·迈耶在《家庭的生命周期》(*The Family Life Cycle*) 一书中也持同样的观点。她写道，大多数人的"生活轨迹是限定在与其父母相似或是正好相反的模式上。也就是说，一个人会遵循之前经历过的行为模式或是（他会创造）与之前成长环境截然相反的行为模式"。无论他朝着哪个方向走，他都用同样的线路图作为参照。我们来看看这种习惯的力量是如何体现在格雷格·迈耶的几次婚姻中的。

原生家庭暴力下成长的伴侣

格雷格·迈耶是个个子高高、身形健硕的71岁老者，留着富有弹性的金灰色头发，五官立体饱满。他是一个富裕的德国犹太家族的后裔，从小在纽约长大，在各种富于声名的学校中接受过良好的教育，最后在哈佛医学院学医。他现在在曼哈顿拥有并经营一家成功的儿科诊所。

这份掷地有声、成果斐然的业绩报告是格雷格·迈耶人生中灿烂的一面，但是，许多年来，他的私生活却一直阴云密布。他经历过两次失败的婚姻，他将这两次婚姻视为"灾难"，其中包含了多少年的痛苦不堪，悔恨自责。在我们进行访谈的时候，他已经和他的第三任妻子结合了，她是时年68岁的卡罗琳·迈耶。我问他们在一起多长时间了，他们俩的脸上都露出了柴郡猫般狡黠的微笑，并迅速地瞥了一眼对方，然后卡罗琳说："算到现在大概25年了。"

我坐在他们的对面，坐在他们位于曼哈顿西区那套面积很大、阳光灿烂的寓所那温馨的客厅中。我的膝盖上摊着笔记本，随着交谈的深入，不时匆匆地记下一些随感。我问卡罗琳她是否有工作，她说有的，已经做了好多年了。现在，她是城里一家私立高中的老师。"你是怎么评价你的第一次婚姻的？"我问她。"或者，"我赶忙补了一句，"之前从来没有结过婚？"

"噢，我结过。"她说，之后就一言不发了。

"持续了多长时间呢？"我一边问，一边准备在笔记本上落笔写字。

"21年。"

我吃惊地抬起了头。"哇，那是很长的一段婚姻！"我说道。

"是的。"她冷淡地说，"我被困在里面了。"

我问她前夫的名字。他叫威廉，此后就没有再婚过了，住在佛蒙特州（Vermont），现在和她已经没有任何交集了，卡罗琳之后又加了一句，她的闺名叫布鲁姆（Blum）。

我问她跟前夫是否育有子女，她几乎是草草回答说："两个儿子，一个39岁，一个36岁。"他们的父亲跟他们也没有任何交集，她很快又加了一句："我的两个孩子实际上跟他毫无瓜葛。"她的声音很平静。

她告诉我两个儿子分别叫约翰和卢克（John and Luke）。

"这是她生命中的新约期了。"格雷格说，"她嫁给我，走出来了。"他犹豫了那么一下子，然后说："我也是。"卡罗琳笑了。她长着一张和善开放的脸庞，有一双大大的绿眼睛，一头灰色卷发富有弹性。

"你们有孙子辈吗？"我问道。她点了点头。她的长子已经结婚，生了两个孩子。他们家现在住在康涅狄格州的韦斯顿，开车很近。他们和格雷格夫妇之间关系亲密。之后，她又解释说她的这个儿子十分坚决，不让他"真正"的生父接近，他不希望自己的孩子跟他有任何的接触。

我停住了片刻，本打算顺着这话往下聊，但又担心会让格雷格在访谈进行之初就感觉备受冷落。所以，我转向他，告诉他现在轮到他来回答问题了。"你的第一次婚姻——你会怎么形容呢？"

"那是很久很久以前的事儿了。"他笑着回避了这个问题。卡罗琳也又一次发出了她的标准笑声。

"噢，不，我没有阻止你这么做！"对于丈夫的闪躲，她抗议道。

"你也没有真正地去描述你的婚姻。"格雷格回应道，"你为什么不往下说？"

卡罗琳沉默了，最后说道："那段婚姻很复杂，非常非常复杂。我像着了魔一样——完全失去了理智，爱上了一个比我大6岁的男人。我们住在格林尼治村（Greenwich Village）里（艺术家聚集地）。真的非常浪漫，我觉得一个新世界的大门向我敞开了。他的父母是爱尔兰人，就是蓝领阶层。他身上有些嬉皮士的味道。"她耸了耸肩。

"你自己那时候是嬉皮士吗?"我一边问,一边打量着她酒红色的一字领线衣,还有脖子上的三条银链子。

她摇了摇头:"不,不,我那时是史密斯学院(Smith College)的学生,就是大三、大四的时候,觉得村里的生活特别狂野浪漫。我的父母坚决反对。他们是中产阶级,刚结婚的时候一穷二白,慢慢地发家的。我不明白他们为什么要反对。是啊,威廉是没钱,但是为什么他就不能像他们当初一样慢慢积累财富呢?"

我笑了:"所以你是下嫁?"

"是的,但我觉得这很了不起。那时他正在与他的中西部背景划清界限。他是个辍学生——高中就辍学了——但是最后还是拿到了学历。最后上了一所戏剧学校……"她的声音渐渐弱下去了。

"那他现在在干什么呢?可以自食其力吗?"我问道。

卡罗琳咬着唇:"不。曾经有段时间可以。最后他还是上了大学,拿到了一个社会工作的学位,以前在纽约长老会医院(Presbyterian Hospital)做一个儿童治疗师。我相信他在那里干得很好——直到他遭遇了一次严重的精神崩溃,一切都化为泡影了。那真的很可怕。他非常生气。威廉来自一个充斥着暴力的问题家庭。"

"虐待?"我试探性地说,她点了点头。"是他的父亲打他吗?"我问道。

"是的。"卡罗琳说,"他的父亲经常打孩子。威廉是家里的老大,承受了最多的暴力。最后,有一回他终于站起来反抗,挥拳把他父亲打了出去。也就是那个时候我遇到了他并爱上了他,他想要从头开始,看着也快成功了,但是那些事还是困住了他,无可救药地困住了他。"

她脸上的表情很凝重。

"他被送到医院治疗了吗?"我小心地问道。

"是的,"她说,"是的。正如他挨过的那段时间——之后也是一样,每次他回家的时候,都会做些令人不愉快的事。他对我们的大儿子尤其糟糕——倒不太是生理上的虐待,就是老是瞧不起他,对他很粗鲁并不屑一顾。家里总是纷争不断。"

我停下了笔,头脑中思索着一个人竟然会如此轻易地沉溺在施虐成性的家庭模式中。这种模式一旦成型,便会不断上演。这个案例中的威廉在幼时是施暴的对象,他的大儿子也就被困在了类似的、无间断的纷争中。而且,众所周知的是,对孩子而言,言语暴力所带来的毁灭性后果可能会超过单纯的身体伤害。

扫了一眼我放在膝盖上的笔记本,我把目光停留在表示卡罗琳第一段婚姻延续的年份数字上。"喔,整整21年,"我说,"你嫁给了一个变得脾气火暴,会伤害别人,最后走向疯狂的一个人。"我犹豫了一下。"你会用疯狂这个词来形容你的第一段婚姻吗?"我问她,我的声音显得很谨慎。

"嗯,是的。"她说,"但也是悲喜参半的。一开始的时候,我们也有美好时光。也就是最后的七八年,日子才真正算难过起来。真的很难过。"是恐惧令她不敢结束那次婚姻,她说道:"我不想成为一个满腔怒火、满腹牢骚的人。当我的前夫因为企图自杀而入院后,我抱有一种幻想,觉得等他出院回家以后,一切都会好起来的。我原以为一切都会遂心如意,但现实是很残酷的。他从来都不是一个开朗快乐、能跟你相濡以沫的人。但是之后他变得太令人厌恶了——比任何时候都要令人憎恶,他会不分青红皂白就对我肆意讥讽、口出恶言、大肆攻击——不是武力上的,是言语上的,全然不顾之前他在努力拿学位的时候,是我一直在支持他。"

"所以他也从来没有因为你的付出,对你宽容一些。"我笑着说。

她笑了。"好心没好报。"她停了一下,然后说道,"底线还在不断地被刷新。当我们的小儿子卢克狂躁症暴发的时候——是双相型障碍——医院建议将他和他父亲彻底隔离。他们也建议我不要再接触我的前夫。他们不想给我们做什么家庭治疗,他们希望威廉彻底从我们的生活中消失。"

就在此刻,格雷格插话说:"他是个非常、非常可怕的人。臂膀宽厚,肌肉发达……"

"他非常可怕。"卡罗琳赞同地说,但仿佛在为威廉辩护一样,她又加了一句,"但他也非常有魅力。他可以非常有魅力——但也可以非常可怕。"她妥协了。

我问格雷格有没有见过卡罗琳的前夫,他的眼睛"滴溜溜"地转了转。"在我和卡罗琳第一次到外地度假的周末,我们去了佛蒙特州。他给我们打了电话说他在伍德斯托克（Woodstock），我们就在那里。他还说他带了一把电锯和一把钢锯，他打算来找我们，把我们废了，因为我们已经把他给废了。"

卡罗琳插嘴说，威廉有很多段婚外情，甚至向她极力鼓吹各过各的、互不干涉的开放式婚姻——那种想法对她而言根本就是不可思议的。

"我们叫了当地的警察，"格雷格接着说，"结果发现威廉根本就不在佛蒙特州，他从头到尾都在纽约，他只是想吓吓我们。"

我笑了。"只是想给你们一个愉快的周末。"我们仨都笑了。卡罗琳问我要不要再续一杯咖啡，我摇了摇头。于是，我们又接着聊了下去。

两段错爱的婚姻

当被问到经历的前两段婚姻中的第一段时,格雷格清了清嗓子说:"嗯,好吧,我的第一段婚姻可以说是——嗯——一个错误。"

卡罗琳"咯咯"地笑出了声来。格雷格的回答从字面上看是非常可笑的。

"是什么样的错误呢?"我问,把他的回答当作认真严肃的。

"我们彼此间并没有真感情,这一点她比我先意识到。我们相遇时,我在医学院上大三,我的父母在经历了23年痛苦不堪、糟糕透顶的婚姻生活之后,当时正在闹离婚。我的妹妹在精神病院,她患精神分裂症好多年了,深受折磨,这种疾病最终将她推上了自杀之路。"

他停下不说话了。我凝视着他,"太糟糕了。"我深有感触地说,然后也停下了话头,心里想着,这位事业有成的医生在年幼无依的时候就是一场痛苦婚姻的见证者,这场婚姻告诉他亲密关系是什么样子的。

我问他，在他妹妹去世的时候，他是多大年纪。

"23岁。"他说。我在笔记本上匆匆记下几行字。一个是他妹妹去世时他的年龄，另一个是我观察到的一个细节，在格雷格和卡罗琳的生活中，精神疾病都扮演着很重要的角色。

"我跟你说这些是因为我被这些事情沉重打击了，在这些事儿发生的时候，我不知所措，茫无头绪，"格雷格又接着说，"我觉得自己太孤单了，孤单得令人绝望。我当时在医学院上大三，我讨厌那个地方，我觉得自己跟那里格格不入。我迷失了。就在那时，我遇到了这个令人印象深刻的荷兰女人，她是过来进行为期一年的交流的，到实验室里工作。她的名字叫加比·莫滕斯（Gaby Mertens），我似乎催眠了我自己，觉得自己被这个英语都说得不是很好，却让你觉得很动听的荷兰女人迷惑住了。她就是我的救生筏，我苦苦劝她嫁给我——在我们认识了三个月之后就结婚了。"

他的嗓音变得充满讥讽的口吻，他在挖苦从前的自己。

我问他这场婚姻持续了多久。9年，他说。他们有一个女儿，现在47岁，还有一个儿子，现在45岁。"他们的名字分别叫萨莉和丹尼尔（Sallie and Daniel）。萨莉的成长过程非常反常，她患有现在大家熟知的阿斯伯格综合征，算是自闭症中比较轻微的一种。幸运的是，她的人生轨迹发展得不错，现在拥有了优秀的另一半，还有一份好工作，与一家电脑公司合作进行自然资源的测绘工作，看起来她很擅长这项工作。"格雷格自豪地说。

他的儿子丹尼尔已经移民到荷兰娶了一个荷兰女人,一位人类学家,打那以后他就一直住在荷兰了,靠教英语和做翻译为生。

卡罗琳笑着说:"丹尼尔和他的妻子都有点儿神经质,但他们俩都很讨人喜欢,我们见面时都过得非常愉快。我们俩过几天就要去荷兰。"

"但我不知道他们俩该不该有孩子。"格雷格说道,他话里话外都在暗示我,这对夫妇多少都有些反常和古怪的特质。

"那么你会怎么形容你的第一次婚姻呢?"我又一次问道,"9年是段很长的时间。"

"是一场错误。"他又如是说。

我笑了:"在长达9年的错误里到底发生了什么?"

他似乎怅然若失。最后才说道:"没发生什么事儿,就是慢慢失去了。但是我之前并没有意识到事情变得有多糟糕,因为我太害怕寂寞了,所以始终紧紧抓着一切不放。事情变得越糟糕,我就抓得越紧,我对现实也就愈加视若无睹。"

"你是说你慢慢失去她了?"

"我慢慢失去她了,最后是她自己告诉我的。我整整花了两年时间才接受了现实,但是,最后总算还是懂了。于是我选择离开了。现在回头想想,我觉得第一段婚姻离我那么遥远,冷漠,毫无情谊。"格雷格垂头丧气地说。我想到了当他还是个小男孩时,展现在他面前的那种婚姻模式,于是,我暗下决心要多问问关于他父母婚姻的事。

"但是你跟我说的是,你当时也一直在忙于自己的事情。"卡罗琳提醒了他一句,似乎是想把他从迷失的那个黑暗空间中唤回。

"我一直都在忙我自己的事情。"他回答道。"那段时间他实习期满,已经在执业了。"他的妻子说道。"对的。"格雷格说,"我在当住院医生。"

"还有抚养孩子们。"卡罗琳很快地回了一句。

"是的,当住院医生。"格雷格的声音变得悲伤起来,"抚养孩子,却没时间陪他们。"

我问他,他的前妻和孩子们的关系还密切吗,他说,多少是这样的。"很多年来,她一直在孩子面前说我的坏话,让他们跟我有隔阂。直到几年前——大概是5年前吧——我儿子丹尼尔在荷兰去看了加比的那些表兄弟姐妹,他们告诉他,他把事情都弄反了。他们说,你爸爸是个好人,你妈妈才是那个喜欢作妖的。实际上,加比一直都在干着一些很疯狂的事情。"

"你说的疯狂指的是什么呢?"我问道。

格雷格的双唇抿得紧紧的。"各种事情。在我们离婚之后,她又和一个嬉皮士好上了,对于孩子们而言,这件事情简直糟透了。"

但我记下这个信息时,不禁有点儿恍惚。嬉皮士,20世纪60年代人们所推崇的不羁灵魂的代言——主张活在当下,藐视社会规范——竟然同时出现在了迈耶夫妇的叙述里。

"所以,关于第二段婚姻呢?"格雷格给我递话了,仿佛是想将我从遐想中拽回来。

"你总不会说,这也是一场错误吧?"我取笑他说。

他摇了摇头,说不用担心。"我会将这段婚姻形容为美国东北部地区历史上最大的一场浩劫。"他笑着说,因为自己的夸张而忍俊不禁,但是,我能感觉到,他是认真的。

相爱相杀

格雷格·迈耶的第二任妻子名叫西莉亚(Celia),当我让他多说说他们的婚姻生活时,格雷格倒是非常坦然。"糟透了,令人恶心。西莉亚就是个施虐狂,我就是个受虐狂。她想让我跟第一次婚姻留下的孩子断绝关系,说他们不再是我的孩子了。"

我皱了皱眉:"这对你来说一定是非常难受吧?"格雷格点了点头,一脸沮丧的神色,但是什么话都没说。"你和西莉亚有孩子吗?"我问道。

格雷格说他们有一个儿子,现在 35 岁,还有一个女儿,现在 33 岁。

我把他们俩的名字也写进了我那列长长的名单里——纳桑尼尔和玛格(Nathaniel and Margo)——然后抬起头来看着格雷格愁云惨雾的脸。"所以这两个孩子是在令人恶心的、施虐狂受虐狂扎堆的环境下长大的?"我问道。

回答我的是卡罗琳。"是的，至少相当长的一段时间是这样的——"

"——直到我的第二任妻子因为乳腺癌去世，那时候他们一个9岁，一个7岁，所以我的那次婚姻总计持续了12年。"格雷格解释道。"西莉亚是个非常符合北美上层白人审美的冰山美人，"他接着说，"她有一种清冷的贵族气质，就像是英格丽·褒曼（Ingrid Bergman）或是格蕾丝·凯利（Grace Kelly）。我为之倾倒。简直不敢相信像我这么一个普通的犹太男孩竟然会得到女神的青睐。"

卡罗琳不安地笑了。我不动声色地开了句玩笑："你太幸运了。"

"是的。嗯，结果这位女神摇身一变成了个极其愚蠢、心胸狭窄、满心怨怼的傻子。"格雷格说道，声音里透露着抑制不住的怒火。"极其有占有欲。"他又说道，"她之所以不愿意要我的这些孩子的原因之一——用她的原话来说，'不再是我的孩子了'——是因为不想让他们占用我们的家庭资源。对于西莉亚来说，钱是最大的隐喻——钱就是爱。"

"她真的阻止你支付第一段婚生子的基本开销吗？我问道，因为我觉得这真的很难以置信。我知道一些再婚妻子非常怨恨家里的钱要用来支付给前任配偶，但是西莉亚的举动太极端了。格雷格说她的确是这么做的，大吵大闹个不停，甚至蓄谋过将孩子们接过来一起住一段时间，以阻止他给孩子们付钱造成资源外流。"不过没撑多长的时间。"格雷格带着讽刺的笑意说。

"她对孩子们不好。"卡罗琳平静地说。

"是糟透了。"格雷格说,"我现在还是非常自责居然没有勇气或是手段能够应对她的各种阴谋诡计。"

我想知道格雷格,那个经历父母痛苦婚姻的恐惧、无助的见证者,发现自己在面对怒气万丈的西莉亚时,没有决心,没有胆量站出来保护自己前一段婚姻孕育的孩子们。她的所作所为就好像他的孩子们是对于他们之间情感关系的背叛一样。

"听起来在你的婚姻关系中,你都是落于下风的,在两次婚姻中都是受害者。"我小心谨慎地说。

"是的,我觉得我本该更明智一些。"格雷格的声音中透着悔意。"我本该更明智一些。"他又说了一遍,"我应该像今天的我一样明智。"他转向卡罗琳,握住她的手,"我应当娶一个更好更善良的女人。"他一脸爱意地看着她,"就像现在这样。"

重新遇见爱情

低头看着我匆匆记下的笔记，我想起了格雷格的父辈那一代——这不正是那种"折磨人的、痛苦的"，最终在 27 年后以离异收场的婚姻关系的写照吗？"你会说你父母的婚姻关系就是施虐狂与受虐狂的组合吗？"我问他。

不出意外，他说是的。"真的糟透了，太可怕了。基本上来说，他们之间没有情感。我的母亲相当疯狂，经常处于极端情绪的边缘。她会莫名其妙大光其火。"格雷格回忆道。

我问他，他的前两任妻子会不会也有类似的习惯，会突然勃然大怒，他说，他的第一任妻子只会冷战，而第二任妻子正好相反，会雷霆大怒——就是方式跟母亲的不大一样而已。"我母亲生气的时候会有一段段的平静期，然后又是各种狂怒风暴。西莉亚生气的时候，整个过程是连续不断的，充满了憎恨怨怼。"

格雷格专心无二地俯身朝向我，双手交叠放在两膝之间。"我现在有一句很复杂的话要说——代表我的内心世界，我的内心的复杂混乱程度远比这句话听起来要严重多了。西莉亚得了乳腺癌，三年之后因病去世，其实，这是我生活中最值得高兴的一件事了，因为我终于解脱了，我真的受不了了。"

我什么都没说，但我能感觉到自己的脸红了。他说的其实就是我一直暗自在想的，这个念头是个禁忌，太让人感到尴尬了。

"我还记得她死的那一天。"格雷格的声音很低沉，仿佛在喃喃自语，"我感觉自己如释重负，我在想：我的生活现在算是开始了。西莉亚不知怎么的，让我觉得——让我们身边的一大堆人都觉得——我是个泼妇的大儿子，是你能想象到的最令人讨厌、最可怕的人。 她不遗余力地告诉别人我有多可怕。她真的深深伤害了我，还有我那没什么要紧的自尊心，也成功地让我觉得我就是这世上最糟糕、最可怕的人。"

他叹了一口气，听起来就像是一声呻吟。然后他看着卡罗琳，用一种更温和的口气说："但是，我又恢复过来了。我和卡罗琳找到了彼此。她用慈母一般的爱抚育了我尚在幼年的孩子们，现在他们都成了了不起的人，尤其是我的女儿玛格。"他一脸欣慰地笑了。

这个女儿和她的父亲一样成了一名医生，现在也嫁给了一个医生。他们有一个孩子。我久久地凝视着格雷格，惊异于他说到第二任妻子去世的消息时那种凯旋般的口吻：我的生活总算是开始了！就仿佛他最终还清了上一代遗留下来的债务，是这笔债务让他的生活没有早一点展现在他的眼前。

现在想想，他的前两次婚姻无一例外都是过去那种模式的翻版。在第一段婚姻中，他匆匆娶了一位荷兰籍妻子，这段婚姻最突出的地方就是两人的貌合神离，这是他打从幼小时就十分熟悉的。这场婚姻无疑就是对他所熟知的男女两性、亲密关系该是什么样的如实再现。

在他的第二段婚姻中，夫妻俩倒是有情感互动，但在这些情感中却充满了怒火、轻蔑和仇视。格雷格的过去，他在原生家庭中的遭遇，入侵了他的当时婚姻，表现为第二任妻子的"疯狂、周期性的言语攻击和非难"。在这两次"灾难性"的婚姻中，他对于家庭的全球定位系统是基于他之前实践操作的基础之上的。那些经历给他规划好了地图和行驶方向。他说的那句话"我的生活总算是开始了"，对我来说，实际上是在说，最后他终于可以离开（潜意识中）既定的轨道自由驾驶了，终于可以重新规划路线了。他的第一段婚姻充满了冷暴力和疏离，第二段婚姻却充斥着怒火和怨气。终于，在和卡罗琳的这次婚姻中，他回到了正轨。

最好的亲密关系是彼此成就

我问这对夫妻，他们之前对于再婚抱有什么样的幻想？他们觉得这一段婚姻跟之前的婚姻不同之处是什么？哪些幻想梦想成真了，哪些地方跟他们之前想的不一样？

这些题目似乎把他俩都难住了，好一会儿谁都没有回答。最后，卡罗琳开口了："这个问题很有意思，但是我都记不得之前都幻想过些什么了。我知道我心里认定的是境况一定会比原来好得多，因为也不可能更糟了。"她笑了，我不明白她为什么笑。然后她又说道："没什么幻想，就觉得找了个讲理的人，他身上还有点儿让人高兴的幽默感——"

"之前可没有人这么说过我。"格雷格害羞地说。

她笑了，还用肩膀撞了一下格雷格。"噢，不是真的啦，不是真的啦。"然后，她又用一种更为严肃的口吻跟我说，"说真的，这次婚姻真的是非常让人开心的。如果说格雷格身上还有什么让我觉得不满意的话——一些特别小的事情，那还真的有一些——他真的是

第五章　修复原生家庭创伤

太爱内省了，老是听我倾诉，仔细思量我说过的话。我的理念是既然我们俩都有那么长的时间畏畏缩缩地跟那些满腹怨恨、施虐成性的人在一起生活，那么这一次的婚姻就算是给了我们一个可以向彼此展现自己力量的机会。我们应该毫无顾忌地倾吐心声。"

"感觉真的太棒了。"格雷格说。卡罗琳又加了一句，在这次的情感关系中，两人之间始终都是互相理解，互相迁就的。"我们真的很幸运。"她最终愉快地说道。在沉寂了一会儿之后，她又皱着眉说："真正的困难之处在于家里同时有4个孩子。"

之后格雷格就解释道，他们家里不仅有卡罗琳的两个孩子，还有自己的两个失去母亲的孩子，那些不跟他们一起住的大孩子们也会时常到访。他用力地前后摇晃着脑袋好像在说这事儿真是伤脑筋。"有太多的事情要处理了，于是我们最后想了一个招儿，无论是哪个孩子惹出了什么样的麻烦，我们就把责任推到那个不在的父亲母亲身上。因为卡罗琳的前夫住在佛蒙特州的什么地方，跟我们毫无瓜葛，当然，我的那位前妻去世了——"

"所以我们如果看到孩子们身上有什么坏习性，我们总是说，'那是他的错'或是'那是她的错'。"卡罗琳发出银铃般的笑声说。

"这个有用吗？"我问他们。格雷格说他们经常就这个开玩笑，但是让这些来自不同家庭的孩子和谐地住在一块儿的确不是易事。"光是让他们彼此和平共处就是一大挑战了。"他停住没有往下说，脸上泛起了红晕。我点了点头，心中在思虑着他们确实需要打造一个共同基础，能够将三个家庭的文化融合在一起。

"一个挑战。"我大声地将格雷格的话重复了一遍，"这来自三个不同家庭的孩子们在相处的时候会出点什么事儿呢？"

"最明显的是格雷格第二段婚姻中生的大儿子。"卡罗琳说道，"纳桑尼尔和他的父亲在母亲生病的那几年里感情十分深厚。他们一起打曲棍球，做各种运动，无论格雷格去哪儿，他都带着纳桑。所以在西莉亚去世后，格雷格跟我在一起的时候，纳桑失去的不仅仅是他的母亲，他觉得他连爸爸也一起失去了。基本上可以说，他是失去了父母。还有，他是原来家里的长子，在我们现在的家中，我的两个孩子年纪要比他大，他们会压制他。"她笑了，"说真的，他们以前有时会坐在他身上，因为他真的非常喜欢当着你的面争辩，真的真的很难处理。"

格雷格也笑了。"我记得有一回回到家，就看到纳桑在大喊大叫，卡罗琳的儿子卢克就坐在他身上，安安静静地在看书！"他耸了耸肩，摊开双手做出了一个无助的姿势。"所以真的——有好多事情太难处理了。"我跟着他们一起笑了起来，但我脑海中闪过的是卢西尔·杜伯曼博士关于出生顺序与再婚的临床观察结论。"在重新组建的家庭当中，"杜伯曼博士这样写道，"存在着两个'最先出生'的孩子，这将大大增加紊乱出现的可能性及出现强度。"

当他父亲带着他住到卡罗琳家的时候，这个家里已经有了两个年纪比他大的继兄，纳桑尼尔失去了他熟悉的"家中长子"的地位。

更为雪上加霜的是,他父亲在第一次婚姻中已经有了年纪更长的孩子,他们会不时地来访。而在此之前,在第二段婚姻存续期,他是被当作家中最大的孩子来珍视疼爱的,并且在西莉亚生病的3年时间里,他有着格雷格的贴身陪伴。现在,纳桑尼尔在这个新家当中几乎可以说是迷失了,而他只能靠捣乱和对抗来发泄自己的怒气。

"至于纳桑尼尔的妹妹玛格,"卡罗琳突然莫名地说了一句,"她和我之间的情感是很自然地慢慢萌芽的——很棒。我的两个儿子也都听话,但我知道在他们的心里,格雷格和他们那个人渣的亲生父亲是不一样的。他们的父亲弃事业于不顾,身上问题一大堆,还企图自杀,然后入院过。再看看格雷格,上的是布朗大学、哈佛大学,又是个医生,他的孩子们都事业有成。其实,四个孩子上的都是同一所学校,所以他们之间是有共通之处的。他们几个都是在现在这所公寓里一起长大的。"她望向门口,就好像哪个孩子会走进来加入我们似的。

"你是说你的孩子们都很清楚地知道他们的父亲是有缺陷的,是你给他们找了这么一位更好的爸爸——这难道对他们来说不好吗?"我问她。我心中非常清楚她的孩子们肯定是经历过了可怕的忠诚度考验的煎熬:他们越是认同格雷格,内心中就越是丧失了对于他们的亲生父亲的残存记忆。

她点了点头:"是的。在很多方面上来说,这对他们而言是件很好的事情。"她的声音听着很犹疑。她转向格雷格:"但是他们和你之间的关系是不一样的。"她对格雷格说:"你们之间的关系还在不断地形成中,但是那与他们跟亲生父亲之间的关系是不一样的。那种关系是不可能了,他们那时已经是十几岁的孩子了。"她的声音里有藏不住的失望。

格雷格看着有些沮丧。他清了清嗓子,然后说道:"卡罗琳和我的孩子之间的关系,特别是跟玛格之间的关系,对于他们而言算是一针强心针。但是我——也许是我——没能跟我的继子之间形成那种亲密关系,我没有努力地跟他们融合在一起。我不觉得他们特别想要亲近我,所以我一直对他们宽容大度,慈爱有加,但是也一直保持着距离。"

虽然听得出他在这方面颇为自责,但我觉得对于格雷格而言,跟孩子们保持距离,给他们时间和空间慢慢地靠近他,这种做法是非常明智的。并且,显而易见,卡罗琳满满的温情与善良,将本有可能出现在这些情感关系中的真空隔阂填补了起来。

"青少年时期——真是一个尤其棘手的阶段。"我感同身受地点着头说。

卡罗琳叹了一口气:"真的是太棘手了,真的很不容易,太不容易了。我们俩分工负责不同的事务,噢,我的老天,我们俩真是相依为命。"

"确实如此。"格雷格热切地说,"我们现在还是如此。"

卡罗琳又深深地叹了一口气。"那时候我们只能靠自己,很开心地看到孩子们处得不错——有几个孩子关系尤其好。我们感恩节会在一起过——所有的6个孩子还有他们的家人。就连格雷格的第一任妻子加比和他同父异母的弟弟杰克也会一起来参加感恩节晚宴。杰克是格雷格的父亲离异之后再娶的一个女人生的。"她解释道。

我一脸惊异地转向格雷格:"你的第一任妻子跟你一起庆祝感恩节?"

"是的。"他带着一脸灿烂而调皮的微笑说,"我们一年会有一天在一块儿,就假装所有的恩恩怨怨都不复存在了。"

第六章

建立婚姻安全感

"我想让你知道在你面前,我没有半点虚假,我的人生、房子、职业、财务状况,都是真的。我就是那个让你百分之百确信的人。"

金钱观的差异

在1997年我做第一轮再婚研究时,我曾作为一名与会者,定期参加一个国际再婚援助组织的各项会议。这个组织将再婚伴侣们请到一起,促进他们积极讨论所面临的一些日常问题。我不仅是这些会议的旁观者,同时还对与会的许多再婚夫妻进行了单独的访谈,访谈地点或是在他们家里,或是在我的家庭办公室里。

就在这样的一次会议上,我遇到了卡罗尔·伯克与泰德·伯克夫妇,他们那时已经结婚三年零半个月了。在卡罗尔开口后不久,我就非常清楚地知道当她再次步入婚姻时,满脑子都是粉红色的幻想,认为泰德那几个年轻的成年子女不会对他们新建立的神圣关系带来什么影响。

卡罗尔·伯克是个30多近40岁,身材苗条,穿着入时的商界女性。她所穿戴的每一样东西显然都是精心挑选过的:条纹正装衬衫,灰色花呢外套,黑色半裙,黄金镶玛瑙的耳环,低跟黑色帆布鞋。她的丈夫泰德,看起来比她大了10岁,穿着很休闲。他穿着一件蓝色的运动衫，里面是一件柔软的带领 T 恤衫，下面是一条略微有些皱的棉布裤子。

当时一共有 7 对夫妇在场（当然还有我），我们围成一圈坐着。这次晚间会议一开始是个暖场仪式：每个人要自我介绍一下，再谈一谈上周发生过的一件好事。当轮到伯克夫妇时，卡罗尔先开的口，对此，我一点儿也不惊讶。

"我叫卡罗尔·伯克，"她活泼地说，接着又转过脸去正视着自己的丈夫，故作冷漠地说，"这位坐在我右边看起来不情不愿的先生叫泰德。"

大家的目光都齐刷刷地望向泰德。泰德是个身形健硕的男士，留着金棕色的头发，眉毛黝黑，表情和善。他仰坐在木椅上，双手交叉放在胸前，全身放松，一言不发。就算在他妻子没说这句话的时候，我也有一种很强烈的直觉，他还处在神游的状态。

而卡罗尔恰恰相反。她处在当下，坚定沉稳，电力四射。她毫不避讳地说，她目前面临的最大问题是，她自己没有孩子，但是泰德两个已经成年的孩子跟他们住在一起。"对我来说，一下子跟三个人一起住确实非常难以适应。"她说着突然停住了，努力地回忆起我们现在讨论的议题是什么，"我想想，是这个星期有没有发生一些好事，对吗？"她一边不置可否地说着，一边转身朝向泰德。

"全是好事。"泰德说道。

她微微停顿了一下，随后点点头。"确实都算是些积极正面的好事儿,没什么不好的,就是……我有点儿太疲劳了,我想。"她陷入了沉默,我们也一样。泰德的好意不但让卡罗尔无言以对,小组中的其他人也不知该说些什么。

最后,有人开口平静地问她是不是还有什么话想说的,比如说说孩子们的年纪。卡罗尔点了点头,带着点儿怨气说:"卡蒂(Katie)差不多22岁了,布莱恩(Brian)24岁,他们俩现在都还和我们住在一起。"

泰德清了清嗓子,接着用一种妥协的语气说,无可否认,卡罗尔现在被迫做出的一些调整适应比他要大得多,这是"因为和孩子们一起生活的现状"。但他又加了一句,对他而言,他们真的还只是"孩子"——不论他们年纪多大,他们都是他的"孩子"。"对我而言,他们跟我们住在一起是自然而然的,他们一直都在,我一直都跟他们在一起。"

当他解释在孩子们十几岁时,他们的母亲就扔下他们不管了,打从那时候开始,他就是孩子们唯一的监护人。说着,他的声音里透出了责备的语气。但是,他的确也意识到对于卡罗尔而言,这是一个全新的世界:"她不断地提醒我,他们不再是孩子了,他们是成年人;但他们永远都是我的孩子。他们俩都是好孩子。事实上,在我的妻子——我是说我的第一任妻子——抛弃了我们的时候,是我女儿接手了家务。卡蒂那时候才十四五岁的样子,但是她会说:'走吧,我们去买菜吧。'就拖着我去杂货店。我以前从来没有去过杂货店!"泰德笑出了声来,那笑声听得出是一位父亲欣慰的笑,但是他妻子脸上的神情凝重了起来。

泰德接着说,他在执法机关工作——他是个警察——他见过形形色色在问题家庭环境中长大的孩子可能会发生的糟糕状况。"我呸呸呸,不吉利,但是我的两个孩子没有一个吸毒的。他们现在也就是出门参加个派对,喝点小酒什么的,从来没有越界的事儿。我绝没有理由去相信说出了什么坏事儿。"他坚定地说,"但我知道卡罗尔每次一打开冰箱,看到里面的东西乱七八糟地扔着,她就会勃然大怒。"

这最后说的一句话听起来像是要转移话题,但是泰德没有往下说,他只是耸了耸肩,脸上的表情一如既往地和善。他说,现在唯一的问题是他要根据妻子的调整状态做出调整。"这就像是一种双重追诉。"他用一种被自己逗乐的口吻说。

我不太明白他的意思。他是说为了他们俩着想才做出这些调整的吗?泰德如父亲般宠溺地看了卡罗尔一眼,然后说,对他而言真的很难挑出这个月里发生的一件好事情,因为自打他们结婚以来,发生的就全是好事儿。

家庭归属感

因为卡罗尔没有属于自己的孩子,所以在我看来,她从恋爱到再婚间的过渡应该是很顺利的。泰德的两个孩子已经成年了,应该是可以照顾好自己的——除了现在他们确实没有能力搬出去自己住以外。但是跟这个团队中的许多其他的再婚夫妻相比,他们要跟那些目无尊长的叛逆期孩子相处,要跟那些心存怨恨、爱兴风作浪的前配偶们较量,那么看起来,伯克夫妇所处的状况似乎相对单纯一些。

但是,卡罗尔还是觉得自己是孤身一人,深陷在完全陌生的世界中,而这个世界正是她的家。她说这种孤独的感觉有时会强烈到无法忍受。"倒不是说我们和孩子们之间有什么问题。"她退了一步说,声音里透露着些平息纷争的意味,"泰德和我,我们俩的关系也非常好。但我还是有一种感觉……我们的生活方式太不一样了。"

她停了片刻,然后说:"所以我心里有个小人在问我:我真的生活在这个家里了吗?另一个小人说:是啊,我的家具在这儿,我的猫也在这儿，所以我想我是住在这里的。"过了一会儿，她脸上露出了迷惑的神色，于是她转向泰德，看着他，用一种令人始料未及的激动声调说道："但是我其实没有住在这里。这里不属于我！"

泰德脸红了，但却一言不发。

很显然，作为一个后来者，进入一个已经固若金汤的家庭系统，卡罗尔觉得她没有归属感。她现在的身份是伯克家的女主人，但是这个家里占主导地位的生活节奏没有一项是她制定的。这是泰德的家庭，这里是属于他家人的房子。那时，我心想，对于她现在所体验到的这种痛苦的局外人感受，在此之前，她是否有预想过并提前做好准备？

这个念头刚浮现在我心里，卡罗尔就直言不讳地说，早在结婚之前，她就尝试过对可能出现的此类问题进行排查和解决。"我是一个非常讲究条理的人，所以我跟泰德的孩子们坐下来谈过。我跟他们说，这对于我而言将是一个艰难的过渡期，在此之前，我已经离异并单身生活了整整 11 年了。"她一边说，一边环视四周，眼神在每个在场的人身上停留了片刻。

"我告诉孩子们，我爱他们的父亲，希望这次婚姻能幸福。但是，我说，他还觉得你们是孩子——你们现在一个 22 岁，一个 24 岁——所以我觉得你们是成年人了——像是室友或是房客那样的成年人。我自己以前也有同住在一块儿的房客，所以有几件事情我希望大家能理解。"

然后，卡罗尔就给泰德的孩子们列了几条她建议的"同住守则"。首先，她向他们保证，在他们的房间里，他们享有绝对的自由。她会十分尊重他们的隐私。但是，她又说，家里有些地方属于公共区域，比如客厅和厨房。"我跟他们解释说，真正让我烦心的是那些锅碗瓢盆，全都扔在水槽里就不管了。"

她表情生动的脸上露出了不悦的神情。"我是真的不明白，明明洗碗机就在那里，为什么还会有这样的事。"卡罗尔说，"我是说，就打开门，把盘子放进去，仅此而已。但是这些天，当我回家看到盘子滴着水，弄得满灶台都湿了，垃圾桶里的垃圾满得都溢出来了，我忍不住想：我现在是跟两个不但经济上没有任何付出，就连帮忙打扫打扫房间都不愿意的室友一起住。这就是我的问题。"

她交叠着双手，放在大腿上，腰板挺得直直的，看起来就像个略显尴尬但却态度坚决的女学生。她用她那双明亮的大眼睛环视四周，望着在场的每一个人。"我的问题就是，我的要求就这么不现实吗？这简直快把我逼疯了。"接着，她又用一种气恼却无力的口吻重申道，虽然在她丈夫眼里，这两个人还是孩子，她却将他们视为成年人——虽然现在他们夫妻自己还在处理一些严重的财务问题，却还是尽力给予支持的两个成年人。

卡罗尔并没有哭，但她的眼中已经闪现出了泪花。

我最后非疯了不可

泰德·伯克双手交叉放在胸前坐着,脸上带着那种身为一名专业警察的表情,不褒不贬,不喜不悲。看起来他好像一点儿也不生气,就好像是身穿了防护衣,使他免受痛苦的激流的倾泻冲刷。他只是温和地耸了耸肩说:"我想我是没有成为本该是的那种纪律严明的人,但我的孩子们从没给我造成过任何困扰,所以我并不觉得有必要——"

"是我要求太高了吗?"卡罗尔马上插话进来,"泰德说这些都是些小事情,那什么是大事情?只有你认为一件事情是问题的时候,它才成其为问题。"

泰德没有回答,他只是直视着妻子,举起了一只手做出一个示意停止的动作。令我惊讶的是,这方法竟然奏效了:卡罗尔沉默了。然后,泰德用一种低沉而克制的口吻说,他是孩子们的监护人,打从第一任妻子离开,他们婚姻破裂之后就一直是他在照顾两个孩子。"他们也在小心翼翼地尽着他们对这个家的责任。"他语气坚决地说,又加了一句,在过去的整整 7 年都是如此。卡蒂和布莱恩负责一切煮饭的工作,其他的大多数家务也做。

这话从表面上听起来是合情合理的,但是在卡罗尔听来,这无异于指责和挑衅。"他们愿意给自己煮饭是因为他们回来得晚,那很好啊。"她忍不住插话进来,"但是他们煮完以后,把盘子扔得灶台上到处都是,或者就直接丢在水槽里!我真的快要气疯了,简直想把所有的盘子都砸碎！可我只能把它们一个个扔到洗碗机里，小声嘟囔：该死的，到底是有什么问题？这些年轻人就幼稚到连收拾个碗筷都不会吗？我就只能生自己的气——啊，真的，我最后非疯了不可。"

她怒气冲天，最后却只能发泄在自己的身上。她的眼睛快速地忽闪着。这个家是泰德和他那两个孩子的地盘，而她觉得自己就像是个问题多多、不容于人的访客而已。

模糊的界限

这场婚姻中另外一个发挥关键作用的因素是，在单亲家庭结构中，泰德独自跟他的孩子们共处的漫长时光。众所周知，在这种情感系统中最典型的就是生父（母）与子女之间过分亲密关系的出现。随着母亲的缺场，自然而然产生的就是泰德的女儿卡蒂跟父亲的关系变得十分亲密，填补了出走的前妻空出的位置。

在这个过程中，她不可避免地获得了额外的权力——此外，还附带着被需要的感觉以及承担额外的责任——两代人之间的界限已经模糊了。当时14岁的卡蒂·伯克已经扮演起了家庭女主人的角色。她要负责为家里买菜做饭，因此，她照例要做出许多本应该是"成年人"做出的选择——比如，决定晚饭要买些什么，吃些什么。

在方方面面，相较于她的父亲而言，卡蒂获得了更多的权威，而这些权威，如果不是父母婚姻失败，她是永远不可能获得的。因此,她和她的哥哥布莱恩,在家庭等级关系中已经上移了一格。在这个新来者——这个陌生人卡罗尔——突然间以一种超越他们俩的身份进入这个家庭系统的时候,这两个孩子在家中的位置已经类似与他们的父亲平起平坐了。卡罗尔有着自己对于时间、空间、认可度和权威方面的需求,她的到场,对于泰德的孩子们来说,无疑是入侵了他们固有的地盘。

局内人和局外人

在与伯克夫妇的第一次会面过程中,最为凸显的再婚家庭的主要挑战之一,就是在建构结构上与生俱来的局内人和局外人的位置,这是再婚家庭结构会遇到的典型性问题。局外人卡罗尔因为不能顺利地融入并影响新家庭的生活方式而沮丧不已。而这个稳固而历时长久的家庭结构的局内人泰德,却在不断努力地维持着他生命中的新爱人和伯克家天长日久形成的生活方式间的平衡。

此外,另外一个推波助澜的挑战与两种不同的家庭文化的碰撞有关。对于泰德的孩子们而言,在爸爸再婚之前,把锅碗瓢盆扔在水槽里是无伤大雅的。现在,没有将碗碟清洗干净、收纳整齐却被(父亲的新妻子,一个外人)定义为一种"不成熟"和"不尊敬"的标志。而对于卡罗尔来说,在下班回家看到这些碗碟都堆在水槽里是对自尊的践踏,让她觉得无助。

正如她在这次继亲家庭会议接近尾声时脱口而出说的话一样

（这是伯克夫妇第一次也是最后一次参加这种会议）："我真心爱泰德，我们是一对佳偶，但是我也要考虑我自己的需求。我不想生活在一个令我不适的环境中，不想生活在一个对他的孩子们什么都不敢直说的环境中，不想走在满地都是碎蛋壳的地方！"她觉得自己被边缘化了，她孤立无援，就仿佛她是这星球上唯一一个经历过这种爱恨交加、孤寂疏离的人。

这些困扰，在再婚家庭建立初期尤其典型。此时，这个家庭系统的新人，想要努力改变现有的系统以适应自身的需求和节奏，却发现这个情感系统将她排斥在外。她原本期望着新丈夫的家庭能够朝着令她更为舒适，更为温馨的方向发展。她不是已经提前将这种状况跟泰德的孩子们沟通好了吗？可是，她却慢慢地发现——这种发现也让她震惊不已（这第二次的婚姻也会像第一次婚姻一样以失败而告终吗？）——这个家庭并没有兴趣做出任何方面的改变。

恰恰相反，这时出现了被再婚专家卡洛琳和杰克·布莱特夫妇（Carolyn and Jack Bradt）简单地称为"滚回去！"的现象。这个短语是指当一个外来人（继父或继母）被引入一个现存的情感系统（家庭）所产生的巨大反作用力。正如布莱特夫妇所见的一样，这种量级的系统性改变会频繁地引发后坐性的反应力——着力于甩掉或者至少是将入侵者的影响中性化。这种情况类似于半自发性的，就如同身体会排斥外部移植过来的器官，因为认为那是"不同的""异质的"。换言之，这个系统会积极运行起来，试图让一切都回到新婚姻存在之前的样子。

用建构模式的语言来表达的话,这属于再婚的第二大挑战——对孩子的伤害与失落——家庭系统的余下成员会倾向于形成过分亲密的关系。

曾经的苦痛

当我在这次继亲家庭会议召开的数周之后私下采访伯克夫妇的时候,卡罗尔告诉我她在那次会议中获益良多。在听取了其他组员的意见之后,她重振了信心,原来她的反应完完全全就是正常的,一点儿也不"疯狂"。但是,泰德却因为那个晚上要向大家深度展现私人事宜感到不适,并且他们俩都认为自己所面临的问题远没有在场的其他成员所面临的那么严重,所以他们决定不再继续参加此类会议了。

但是,当我在这对夫妇位于康涅狄格州的柴郡(Cheshire),那极具乡村农场风格的家里会见他们的时候,我随即就意识到他们之间的许多问题仍然在不断发酵。这一次,卡罗尔和泰德(颇让我感到惊讶)两个人都愿意向我敞开心扉,参加到这场开诚布公的讨论中来。谈话一开始我就告诉他们,为了更好地理解他们夫妇俩现在所处的阶段,我必须多了解他们之前的情况。

我已经知道他们俩的前一次婚姻都是以离异而告终的。正是在这种前度婚姻失利的图景之上,伯克夫妇才必须建立起那种包容性更强的新型家庭文化。

卡罗尔告诉我,她是在 23 岁的时候嫁给自己的第一任丈夫唐（Don）的。那时他 25 岁。那场婚姻,用她的话来说是"有趣并各行其是的",她的意思是他们婚姻中的很多时间都是各过各的,但是在一块儿度过的时候,"像朋友相聚一样乐趣无穷"。在这场婚姻 5 年的存续期中,他们俩达成了共识,他们要推迟要孩子的时间。跟他们所认识的那些已经成家的人都不太一样,他们希望能等到自己经济上比较稳定,能买得起自己的房子以后再要孩子。"最后,我们在耐着性子省吃俭用了好几年之后,终于买了房子,但就在买房的一个月之后,我的丈夫离开了。就是这样。那是 1986 年 12 月 7 日。"卡罗尔的声音低了八度,神情沮丧。

"日军偷袭珍珠港的纪念日。"我条件反射地回答。

"是的,"她冷静地说,"就在那一天,他告诉我他不想再过下去了。是早上醒过来就这么说了。我那时候在上商务方面的课程,我现在还记得那一章的内容,我还记得他对我说这话的时候我看的那一页。我永远都忘不了那一刻。"她深吸了一口气,鼻孔翕动着。

我突然意识到,有一个词在我的脑海中不断地闪现——"偷袭"。卡罗尔接着说:"当时他来来回回不断地踱着步,我问他出什么事儿了。他就不停地说:我不知道要怎么跟你说。 所以我就说,你就告诉我出什么事儿了,然后他就只说了:我不想再过下去了。"

他的行为毫无征兆,也没有告诉她这究竟是为什么。直到他们离婚的 8 年之后，她才从他嘴里听到了某种解释。8 年之后，她的前夫才一再向她致歉，对之前所采取的方式深表愧疚。他解释道，他只是完全没有准备好要拥有一个家庭，他不知道该怎么跟她说。"既然那时我们已经买了房子了，他就认为该是要孩子的时候了，直到那时他才发觉他根本就不想要孩子。"

卡罗尔说，这场婚姻突然之间，不明不白地就宣告失败了，这给她造成了巨大的伤害。"我不知道我到底做错了什么，为什么就离婚了，这让我对于约会，对于跟其他男人相处感到极度不适。因为我一直在想：我到底做了什么？"还有，"我会不会犯同样的错误？"还有"我到底要做什么样的改变才不会重蹈覆辙？"

泰德清了清嗓子："很长时间以来我也有同样的疑问。我是说，我到底有多不称职？直到今天我都不明白，我到底做了什么，让一个女人，一个母亲，也就是我的前妻，就抛下自己的孩子不管，就这么扬长而去了——我真的不明白。直到现在我也没有找到答案，我想这个问题会一辈子都跟随着我了。"他猛地把两只手往大腿上一拍，似乎是为了起到强调作用。

卡罗尔和泰德在进入这段情感关系之前，都有一段让他们对未来可能发生的伤痛极为敏感的过往。他们的前一段婚姻都以配偶的突然离弃而告终，而离弃的原因却都迷雾重重。

在描述属于自己历时颇长的 17 年婚姻时，泰德说，他的婚姻原先一直是幸福美满的，直到他的前妻开始大量酗酒。"我们俩之前一直都是只有应酬的时候才喝酒的,但是后来有一段时间莉斯喝得越来越多。我猜很多晚上她都是睡不着的,所以她经常半夜两点起床,到客厅里喝上一杯白兰地,看一会儿书。然后她就会在椅子上睡着,大概中午时分醒了之后,就会喝马丁尼。那段时间她一直都在喝酒,从早喝到晚。"他的声音里没有流露出什么情绪,就像是在汇报这些令人烦恼的事儿,而不是亲身参与到其中。

我问他有没有想过他的妻子可能患有抑郁症。泰德毫不犹豫地回答"我不知道",随即耸了耸肩。此后,仿佛是为了缓和他对于妻子精神状态的疏于关心,他开始滔滔不绝地谈论体育运动和爱好——高尔夫、划船、徒步旅行——在那段时间全家都参加的活动。

"在你的描述中,我们还是能听出你的前妻是非常不开心的。"我平静地说。

泰德回答:"看起来是这样的,可我那个时候不知道。"

他为什么会不知道呢?我想。不管在他的第一段婚姻中发生了什么,很显然,泰德成功地回绝了他接收到的信息。

我瞥了一眼卡罗尔,很明显,她在努力让泰德听到她的声音,让他明白自己正在经历的这种疏离感,在他的家庭世界中,她是一个陌生人,一个局外人。在这段夫妻双方共同经历的迷惘期,状况百出的急变期,泰德必须学会倾听:学会真正去聆听配偶的心声,对她所承受的内在压力、失衡感都感同身受的能力。而对于卡罗尔而言,她需要理解她的新丈夫对于孩子们所受的伤害有多么心酸,为了保护他们他是多么全情投入。

但是现在，他们俩似乎都将自己封闭在自己的局内人和局外人的位置中，没能看到，也没能感应到另一方正在经历的重重困境。

私人地带

卡罗尔之前万万没有料到她跟泰德很少有独处的时候，他们几乎没有属于自己的时间。"这对我来说真是个大问题。"她说，"因为我对于周遭发生的一切都了然于心——有声音响起，旁边有其他人。但是泰德对这些丝毫不加理会，因为对他而言，这没有什么大不了的：就跟平常一样。因为对他来说，一直都是这样的。"

卡罗尔谈到的是初婚夫妇和再婚夫妇之间明显的一个区别，那就是初婚夫妇通常都能拥有一段二人世界期，可以在较为不受他人打扰的环境下互相了解。而像伯克夫妇这样的二婚夫妻，泰德的孩子也囊括其中的，进入的是不同的情境，在这种环境中，亲生父亲与他的孩子们之间享有着历时更久、基础更坚实的理解与共识。

从真正意义上来说，这个再婚家庭的新家是建构在这样一块土地上的，这个地方仍然保留着泰德在当单亲爸爸时所构建的舒适而稳固的生活方式。因为卡罗尔是这个生生不息运转着的家庭系统中的新来客，对于这里的准则与规范一无所知，那么我们很容易就能理解，为什么爱好整洁干净的卡罗尔·伯克，会对这种看似无伤大雅的行为（比如，是把碗碟放回洗碗机里还是就扔在灶台上）会进行关乎道德的阐释（"懒惰，没有责任心"）。

对于金钱的态度

随着我对伯克夫妇访谈的不断深入，我渐渐明白，他们之间的纷争还源于他们俩在金钱观上的巨大差异。他们俩还在交往的时候，泰德曾经陷入了严重的财务危机，那时他之前经营的汽车配件生意失败了，欠下了长期债务（那个厂子在20世纪80年代经济萧条期就破产了），是卡罗尔慷慨解囊，将自己的积蓄作为资金注入才缓解了这一局面。在他们作为情侣交往的期间，她借了泰德3万美元。

但是，这对夫妇的财务状况仍旧紧张，并且他俩不久就发现在如何解决财务吃紧的问题上双方的分歧有多么巨大。卡罗尔希望通过制定人人都必须遵守的半年度严格财务预算来应对危机。在离异后的长达数年的单身生活中，她已经习惯于及时支付账单。于是，她觉得这个家庭按月拖欠账单的做法是不能忍受的。

泰德却不认为有必要制定预算。他认为没理由设定家庭短期消费配额。就像他在我们的采访中不断强调的那样，正是他明智地知道应该什么时候以及用什么方式来还一笔欠款或是贷款，什么时候那些欠款、贷款还可以往后拖一拖，他才能安然无恙地度过前妻的酗酒期和生意失败期。

"我就是靠着各种障眼法才盖起了这栋房子的。"他骄傲地说。随后他又说，他是孩子们唯一的依靠，是世界上唯一一个负责让他们吃饱穿暖,有片瓦遮头的人。虽然他在财务上遭遇了危机,虽然他的前妻突然不辞而别,但他还是靠自己让孩子们在同样的学校继续求学。

在泰德说话的时候,我能听到他那两个成年的孩子嘈杂的背景音,他们在叽叽喳喳地聊个不停。伯克家的客厅就紧挨着厨房,他的儿女们就在厨房里相谈甚欢。我还能听到锅碗瓢盆的碰撞声,心中有些不安,担心他们会不会也能听到我们的谈话。从夫妻俩的表情上判断,卡罗尔和泰德似乎对此都毫不在意。

但是,厨房里发出的声音在不断提醒我们——他们在家里的存在感。这很可能就是为什么我会突然意识到,关于夫妇财务紧张的谈话会往这些"毫无贡献"的家庭成员那个话题转移。卡罗尔不断用一种满脸讥讽而不悦的表情瞥着泰德,仿佛是在提醒他,她才是这个家的顶梁柱,是她贡献了一大笔钱来养育这家里的下一代。

我从泰德的口中了解到,他的女儿卡蒂在学校上学,还做做兼职,完全没有任何收入。他的儿子布莱恩一边在一家酒类专卖店打零工,一边在漫不经心地求职,希望找到个更好的工作。在访谈进行的过程中,我直接问过泰德,他会不会担心这两个已经成年的孩子没有办法成家立业,过上独立的生活。

泰德平静地回答,很可能他的孩子们会有此类的问题。随即,他又表情严肃地说——这话更像是跟卡罗尔,而不是跟我说的——对他而言,这就是他们的家,这里永远是他们的家。他会永远欢迎他的孩子们跟他住在一起，直到有一天他们自己想要离开，可以自给自足。

在这位老父亲的眼里，卡蒂和布莱恩是他挚爱的儿女，只要他们愿意，永远可以跟小孩子一样依傍着他。而在他新妻子的眼里，这两个成年人是"毫无贡献"的房客。我们很容易想象到当泰德的儿子或女儿走进客厅的时候，他心中的喜爱之情会油然而生，他会满怀兴趣与好奇地去跟他们沟通。而卡罗尔则会感到一阵懊恼或不悦，因为他们夫妇俩亲密的二人世界又被这些懒懒散散、毫无助益的"房客"给打扰了。因此，这对夫妇会经历无数类似这样的小事儿，从他们完全不同的方式来看待现实，就会觉得自己格格不入，沮丧万分，或是因为自己的亲密伴侣看待事情的方式与自己截然不同而觉得遭到了背叛。

在我对伯克夫妇的访谈接近尾声的时候，我的确是越来越担心泰德处理财务问题的方式，这看起来很是冒险。表面上看起来，他是采取永远领先债权人一步的原则来处理事务，但这种做法未必靠得住，并且卡罗尔对于这种做法明显是深恶痛绝的。我同样在想，在他们简单交往了三个月后，卡罗尔就借给泰德3万美元。这笔钱是会归还的吗？还是泰德就是利用了她的信任和慷慨欺骗了她？局势并不明朗。在我驱车回家的时候，我在想这对夫妻能否安然地度过再婚后的第一个五年时光——根据统计数字，前五年是再婚生活的危险期，也是机遇期。

当我拨通了伯克夫妇电话的时候，我不确定电话的那一头会不会有人在。在我1996—1997年采访的诸多再婚夫妻中，有很多已经搬家了，甚至去了美国的其他地区。几乎没有人留下后来的联系方式，而且在许多案例中，我完全不知道他们的婚姻关系是否还存续着。但是在电话铃长响了三声，吊足了我的胃口之后，泰德·伯克接起了电话。"您好？"他说。他的声音很低沉，充满了忧虑，仿佛是担心有些什么不好的消息传来，会让他雪上加霜。

13年过去了，我不确定他还记不记得我，但是他一下子就想起了我。在他说到我们之前相谈甚欢的时候，声音也变得爽朗了一些。我问他现在跟卡罗尔怎么样了，他用那种令我印象深刻的中性语调，不喜不悲地说："噢，我们分手了。她离开了我。就这么走了。我们离婚了。"

我告诉他，我听到这个消息很难过，接着又问他，他们俩的婚姻延续了多久，以及就他的理解，这场婚姻是为什么破裂的。泰德不假思索地回答了我的第一个问题：之前卡罗尔已经离开过大约8个月，但在一段短暂分居之后他们又和好了。之后他们又维持了7个月左右的婚姻关系，之后她就一走了之，并且申请离婚了。

我的第二个问题——是什么让他们分道扬镳的？——这个问题让泰德一度语塞。他清了清嗓子，最后说，很可能是因为他的孩子们。"她要求他们付一部分房租。用她的话来说，'有点贡献'。"泰德的口气听着颇为尖刻，"可这是我的家，这些是我的孩子！我不想听到这种话!"他的口气偏离了惯常使用的中性,变得愤愤不平起来。我什么都没说,他又重复了一遍:"是我的孩子!"

"你的孩子现在不再跟你一起住了,是吗?"我问道,因为我想到他的孩子们——在 90 年代的时候都成年了——现在已经三十多岁了。"噢,不。"他说,"他们现在自己住了。"他深吸了一口气,仿佛打算再说说卡蒂和布莱恩的事儿,但是他什么也没有再说出口。

我问他愿不愿意跟我见一面,他满口答应了,令我不禁好奇他现在的生活状态是怎样的。他会觉得孤独吗?然后我又问他,我能不能联系到卡罗尔,他给了我她的办公电话——位于纽黑文市的耶鲁大学儿童研究中心(the Yale Child Study Center in New Haven)——还有她的新名字,她已经正式改名了。

"现在她改回了婚前姓,诺瓦克,这是个波兰姓氏或是之类的。"他轻蔑地说,"有段时间我问过她愿不愿意再复合,我们俩再试一试,毕竟孩子们都离开了,但是她对此置之不理。"他说自己是个能屈能伸、善于原谅的人,可我记得,他当时说这话的口吻很有意思,似乎丝毫情感色彩都不带。

我告诉他我会分别采访他们俩的,之后会再来电跟他确定具体时间。

同天下午晚些时候,我拨通了卡罗尔·诺瓦克的办公电话。她接到我的电话似乎很开心,同意两周之后的星期日下午会到我家中的办公室来见我。

家庭的温暖

当我们坐下来进行访谈的时候,有好一会儿我都无法将坐在面前的这个女人,跟我 13 年前认识的那个卡罗尔·伯克对上号来。那时的她是个身材苗条、紧实的商业女性,十分注重自己的打扮,精心佩戴着金手镯和镶嵌着玛瑙的金耳环。现在,我面前的卡罗尔已经发了福,穿着一件一字领的浅绿色 T 恤衫,宽松的白裤子,没有戴首饰,也没有化妆。除此之外,还有一样截然不同。之前她脸上的那种恐惧、局促的表情不见了,现在的她看起来平和宁静。

我开口问她现在的工作情况。"我记得你现在在耶鲁大学儿童研究中心拥有分量颇重的职位?"与其说我是在陈述事实,不如说我是在提问。

卡罗尔耸了耸肩,脸"唰"地一下红了,说道,这跟之前她做过的那些工作一样,算不上分量重,但她马上又补充了一句:"但我的确认为我的工作是我们部门中非常重要的一环。"

"你具体是负责什么的?"我身体略略前倾,十分好奇在这个备受敬仰的精神病治疗机构中她所扮演的角色是什么。

她说,她现在是持证上岗的儿童与青少年协调员。她把一绺红褐色的头发夹到了耳后。"也就是说,我是负责统筹管理那些想成为儿童和青少年精神病治疗方面的医师们的训练工作。"她停下了话头,眼睛转了转,又说道:"我刚来的时候,根本就不知道这个工作是干什么的。那时我的老板,一位儿童与青少年精神病医师,同时也是这方面两个项目的负责人,告诉我不用担心,她可以教我所有需要的知识。她也的确是这么做的。"卡罗尔的声音里充满了愉悦与自信。

我说,这听起来像是她从事过的工作里颇有趣的一种。

她点了点头,亲切地说:"我想这是我这辈子最后一份工作了,我会一直做下去的。这是我的职业生涯中唯一接受过培训的地方,也是完全向我开放的一个地方。"

"所以,你一定感到非常满足吧?"同样,我的这句话还是当成了一个问题抛给了她。

"我喜欢这份工作。"卡罗尔简简单单地回答,"跟我一起工作的同事都非常好,非常细心周到。他们都是温柔体贴的人。我手下负责24位医生,他们都叫我强力胶,把整个部门牢牢地凝聚在一起。"

她接着又仔细解释道,她手下的一些受训者已经完成了成人精神病治疗方面的训练,希望能够进行额外的儿童精神病治疗训练,成为全科认证医师。另外的一些是刚从医学院毕业的实习医生,选择了成人和儿童精神病一体化治疗方向的。

"那么我想一定会有人员的流转吧——会有人学满毕业?"我问道。

"是的,每两年都会有6到8个人从我这里毕业。"她的嗓音里充满了自豪和主权感,"每年7月都会有一批新人来报到。一旦你成了我们当中的一分子,你就永远都是我们这个大家庭中的一员了,即便你毕业离开,去从事别的工作了。"

"精神病学还不是很大的一块领域,尤其是儿童精神病学,所以儿童精神病学方面的医师每年开会都能碰好几次的面。我们的教员和参加培训的学员——我们所有人——都会在一起,一起聆听论文并讨论。在这个全国性的团体中,我们非常活跃。这就是我生活的一个重要组成部分。"

"听着很有意思。"我发自内心地说道。

"这是我生活中的一个组成部分,"卡罗尔又重复了一遍,"就像是有了一个家一样。"她又愉快地加了一句。

我从未觉得有什么是属于我们俩的,全是他的

当我问卡罗尔,从法律上来说,她跟泰德之间的婚姻延续了多久,她告诉我,整整两年半的时间,然后又说,在那两年半的时光里,她一直觉得茫然无措,力不从心。她从来没有过归属感——从来不觉得自己是伯克家中的一员。

"问题并不在于我们从来没有共度过好时光,我们有。但是我从来都不觉得有什么东西是属于我们的。我总觉得,什么都是他的,是他给我挤出了一个小小的空间来容纳我。那也就是为什么我希望他卖掉房子,而我自己也卖掉之前的公寓。我一直跟他说,我们要尽快找个新家———间足够大的房子住得下我们俩,如果孩子们愿意过来,也能住得下。但是我从来没想过要在那里住上一辈子,和孩子们一起住上一辈子。泰德想不了那么长远,他也意识不到孩子

们都已经长大成人了。"

我还记得,在泰德把自己说成孩子的父亲,为嗷嗷待哺的他们遮风挡雨的时候是多么自豪。也许这就是他的核心身份,他之前无法割舍的身份,因为他不能想象未来某一天,卡蒂和布莱恩会长大,成为可以自给自足的成年人,会离开家去寻求他们自己的生活。即便这个念头闪过我的脑海,我还是能想起心中曾经有的那个影像,我看到这样的一幅图景:一所血脉相连的伯克家人居住的房子,局外人卡罗尔在外面"梆梆"地敲着门想要进来。

在我们进行初次采访的时候,没有人回应过她的任何要求,伯克一家我行我素过着原来的日子。厨房的卫生一如既往地散乱——这对于卡罗尔而言是个十分困扰的问题,她丈夫向她一再做的保证根本就没有任何效用,而泰德告诉她是她庸人自扰才把这个变成一个问题。

在短暂的停顿后,我说道:"在我去拜访你的时候,我能看到你在不断挣扎着融入泰德的家庭,你希望别人能够听到你的声音。"卡罗尔用力地点着头,似乎是想把那段记忆从脑海中清除掉。然后她又跟我说了些似乎与此不相干的话,她告诉我在她跟泰德结婚之前,她觉得自己似乎很难相信任何一个男人。"除了我的哥哥。"她修正道,然后又笑着说了一句,"我现在会对别人说我生活中唯一的男人——我是指雄性——就是我的猫。它已经 20 岁了,跟我一起经历过一切的风风雨雨。"她耸了耸肩,很长时间都没有说话。

谎话连篇

卡罗尔告诉我，她是在一次单身晚宴上遇到泰德的。那天晚上他几乎一直都在跟她跳舞，泰德告诉她，他是个警察。因为在那段时间，她也跟来自警察局的人约会过，所以她对泰德很放心。而且他还是本地人，就住在离她工作的必能宝公司（Pitney Bowes）不远的地方。

"他很有礼貌，长得也帅气，对我关怀备至，所以自从那天晚上以后，我们就开始约会，聊各种各样的事情。我们都在哪儿上的学；在这个地方住了多久；家里都有些什么人。"卡罗尔就像个校园女生一样交叠双手，放在胸前，"后来，我才知道他跟我说的很多事情都是假的。"

"比如说，他根本就不是警察。他就是个辅警，受雇负责安保工作的人。他告诉我他的房子是自己的，根本不是这样，那是属于他哥哥的。他说他自己在做生意，有私人企业……"

"就是什么运输公司是吗？"我打断了她，想起了我们之前的访

第六章　建立婚姻安全感

谈内容。

她点了点头。"他一开始没有过多地跟我提他的生意，后来我发现，其实他不过就是开校车的，连那车都不是他的，那是他妈妈的。结婚证上显示说他曾经结过一次婚，但是他的一些老朋友都告诉我，我是他的第三任妻子。"她害羞地看了我一眼，然后摇了摇头，就好像在说，"你是有多好骗？""我一直对自己说：噢不，他不会骗我的。"

终于，到了最后，卡罗尔觉得该和泰德开诚布公地谈一谈了。"我说：'泰德，他们说你根本不是真正的警察，你只是个辅警。'但是他当着我的面否认了，他说我听到的那些传言都是假的。他说他们全是疯子。"

她将十指紧紧地交叠在一起，连指节都发白了。"想想过去，我全心全意地信任他，跟他谈恋爱。我相信我的新生活就要开始了，我想我那时已经不能理性思考了。就算是当我看到这一切不过就是谎言编造的迷宫时，我也把头转到一边，告诉自己：不，那不可能是真的。但是随着我知道的越来越多，我就越确信他告诉我的一切不过都是编出来的。"

我什么也没说，只是在想这个经验老到的商务职场女性居然会如此好骗，到了职场上，她的表现肯定是与此截然不同的。对于卡罗尔·诺瓦克而言，爱情与婚姻意味着将那些重要的技巧——搜集信息、保持客观、明确决断统统都抛在了一边。

· 191 ·

"你们在交往的时候,你还借给了他3万美元是吗?"我问她。

她点头默许了。"是的,我把这笔钱给他,他能舒服一点,不会觉得在我面前有压迫感。他没有值得一提的资产,因为他的生意失败了。他对我说,失败只是暂时的,就是一时的挫折,不会延续太久。但是,泰德真的太善于编故事了,太善于编人们爱听的故事。"当想起了热恋期自己是多么天真,给予泰德无比的信任时,卡罗尔苦笑了一下,然后凄凉地说,当美国国内收入署(Internal Revenue Service,IRS)闪亮登场的时候,更糟糕的还在后面呢。

一叶障目

伯克夫妇是在11月结婚的,在之后的几个月,被这个家庭忽略漠视的许多感受,让卡罗尔觉得自己是被排斥在这个家庭系统之外的。同时,各种周而复始发生的事件让她很忧虑,也开始怀疑泰德的基本诚信。但是,直到2月,当她一如往常地开始填个税申报表的时候,她新丈夫的财务问题才成为她最头疼的问题。

"引发大麻烦的是在我填个税申报表那个时候。"卡罗尔说,"我都是在二月几号申报的,但是泰德说,他都是拖到最后一刻才申报。我说那也没关系,只是我有个跟了我很长时间的会计。就这么来来回回好几次之后,他最后决定我们夫妻俩还是一起申报会比较好,因为我钱比较多,收入也比较高。所以……"她没有再说下去,而是深深地吸了口气,仿佛是想让自己冷静下来。然后,她长长地呼出了一口气，说道："就是这个时候，我发现我这几个月以来一直在付的月供其实是房租。我们的房子是泰德哥哥的！"

卡罗尔的声音在颤抖："所以我们不可能申请月供利息的减免，因为我们住的房子压根儿就不是我们的！"

"泰德一直对你隐瞒了真相。"我平静地说，"你还发现了什么？"

她点了点头，但没有正面回答我的问题，而是说，当她发现泰德这些不可告人的秘密有多糟糕以后，她又再次焦急地跟泰德沟通了。"我说：'你听着，我得知道到底出什么事儿了！我得知道我到底还会遇到什么麻烦。'"

她的丈夫承认之前向她隐瞒了真相，但是解释说，那是他不想用这些"小事儿"来烦她——他怕说出实情之后，她就不愿意跟他结婚了。在这次坦白之后，泰德的其他财务问题也渐渐浮出水面：他有成堆的信用卡账单要还——自己名字开的卡，哥哥名字开的卡，他妈妈的名字开的卡。"简单来说，就是他已经债台高筑了，并且完全没有信用可言了。"卡罗尔说。

之后她就沉默了，过了一会儿，我问她在想什么。

"噢，就在想那个时期发生的事情，反思一下，最后才发现这场婚姻耗掉了我十年的宝贵时光。在我遇到泰德之前，我衣食无忧，跟不同的人约会过，那时的我比现在轻40磅，漂亮有魅力。"她回答说。

"噢，对不起，卡罗尔。"我看到了她脸上的愁云惨雾，连忙说道。

她摇了摇头，好像在说不要紧，一切都过去了。"当这些令人发愁的财务问题接二连三地出现时，"她接着说，"我还一直全心全意地想办法解决。我说我的信用度很高，可以把他的卡债转到我卡上来，这样按揭方面利率比较低。我可以卖掉我手上的小公寓，然后把这栋房子放在我的名下，让它真正成为我们的房子。但是泰德不希望这样做。"她的语调中流露出讥讽之意。

"为什么呢？"

"大概是因为他不相信我吧。也有可能因为还有些债务是我不知道的。泰德欠国内收入署一大笔钱，到了4月初，他们给我寄了封信说，他们扣发了我的工资，他们要没收我们全部的薪水，只给我们留些租房子和吃饭的钱，我想，大约是一个月600美元吧。"

"泰德欠他们多少钱呢？"我问道，随着这个充满了迷惑和欺骗的故事渐渐展开，我觉得自己就像是爱丽丝一样，掉进了个无底洞里去了。

卡罗尔说数额大约是25万美元。在收到美国收入总署的来函之前，泰德还雇了个抵押经纪人——"我都不知道这个人哪儿来的。"卡罗尔承认——来看他们俩的账目，算他们怎么把房子从他哥哥名下转到他名下。就在跟这个抵押经纪人沟通的过程中，她才第一次知道泰德还欠国内收入署的钱，而且被告知，作为他的合法妻子，她同样有义务来偿还这些债务。

"最后我才明白,我得拱手拿出毕生的积蓄——大约10万美元——还要按照国内收入署严格限定的预算生活。我是说,喔,真的,我发现自己一文不名了,完完全全破产了。"

失业

一个星期之后,卡罗尔的雇主必能宝公司开始大规模裁员,卡罗尔发现自己被解雇了。"我惊慌失措极了,所以我就直接去了国内收入署告诉他们发生的事。让我吃惊的是,当我把这个消息告诉找我的那个代理人的时候,他一点儿也不担心。他就说:'好的,你已经失业了。还有,这些事情跟你没关系。'于是,我的生活就从'他们拿走了我的积蓄,让我按预算开支'到了'这些债务跟我是没有关系的'。这个代理人跟我说的话与泰德朋友跟我说的完全不一样,我不需要对他的债务负责,因为这些债务是在我们结婚之前他欠下的。"她"呼"的一声长舒了一口气。

"所以,泰德之前那个'抵押经纪人'让你觉得你是脱不了干系的?"我问道。

她点了点头:"是的,我完全被骗了。"

我点点头,想起了泰德很多年前说过的话,他说他是靠着各种"障眼法"才一路走来,盖房子,养孩子的。显然,他也是故伎重施,引诱卡罗尔与他结婚并让她深陷其中。

"是的。"她接着说道,"但我现在还是认为,就算是现在的我知道了那些事，我很可能还是会做出像过去一样的选择的。我就不是那种会觉得别人会骗我，别人是不可信的人。"

"也就是说，你会毫无保留地信任别人。"我笑着说。

"你可以说我是傻。"卡罗尔说着，脸上泛起了红晕。

然后，她告诉我，在4月中旬申报完个税之后，她和泰德就分开了。她从他家里搬了出去，跟住在隔壁镇上的一位丧偶的阿姨住在一起。

面具与真身

伯克夫妇的分居并没有持续几个月。卡罗尔的阿姨是个虔诚的教徒，一直在劝她回归婚姻，努力解决问题。她的父母和那些信仰天主教的家人都笃信婚姻誓词的神圣，不约而同地向她反馈了同样的理念。与此同时，泰德也经常给她打电话，保证那些烦人的事儿已经都过去了，他已经痛改前非，会正确处理财务问题。他发誓说自己已经洗心革面，卡罗尔现在可以完全信任他。

"泰德是个出色的演员。"卡罗尔讽刺地说，"他从头到尾都不可信，根本就不诚实。我真的没法儿理解。"正如其他演技出众的演员一样，泰德能在内心毫无波澜的情况下满怀热忱与感染力地说出他的台词。

过了一段时间，卡罗尔相信了泰德的言之凿凿，她又搬回了伯克家。开朗积极、精力充沛的卡罗尔很快就在一家叫奥希丘特

（Executone）的家电公司找到了一份全职工作，还兼职当珠宝销售，同时在附近的一所州立大学上课准备拿大学学位。这个家疲敝不堪的财务状况在慢慢地步入正轨。泰德信用卡上欠下的天文数字转到了卡罗尔的卡上。由于她个人出众的信用度，他们俩终于可以用较为轻松的方式慢慢偿还"共同"债务了。

到了这个时候，泰德·伯克已经完全没有了信用度，不能够继续肆无忌惮地用信用卡借贷。

一个新榜样

在伯克的家里一直洋溢着一种彼得潘式的氛围（就像小飞侠彼得潘一样永远长不大），没有人引导泰德的儿女去想象他们的未来，那时他们可以像自给自足的成年人一样生活。卡罗尔的闯入无疑打破了这种毫无生气的氛围，她的存在带来了一种创新，一种聚焦。对于卡蒂和布莱恩而言，他们有一个失败而冷漠的父亲，一个爱酗酒、最终落跑的母亲，而这位继母成了一个榜样，向他们呈现出了一种他们从未想过的生活方式。

当她回到伯克家的时候，布莱恩晚上还在那家酒类专卖店工作，其余大部分醒着的时间，他都在房间里打游戏。卡蒂已经辍学了，那时在一个花店工作，晚上大多都出去喝得烂醉。但在卡罗尔自我实现的雷达感应之下，他们这种一潭死水般的生活方式已经受到了她的影响，这些年轻的"房客"们已经被她吸引了。

"很难说清到底是什么时候发生的,但是过了一段时间之后,他们就开始严肃地审视我的生活方式。"卡罗尔叙述道,"我记得,卡蒂的妈妈在她14岁的时候就离开了,那时候她还是个少女。她不知道一个女性应该是什么样的,因为她的妈妈是有缺陷的。在她认识我之前,她都不知道,作为女性,她有不同的选择。当她看到我去上学,之后找到了一份好工作之后,她就明白了,接受良好的教育才是问题的关键。"

在卡罗尔到来的几个月之后,卡蒂也申请去上她继母在读的那所大学。她一边在花店兼职,一边申请了助学贷款。"我真的相信是我的榜样力量给了她冲劲,给了她目标。"卡罗尔说道,她的嗓音里充满了自豪。随后,她又忍俊不禁地笑了一下说:"我们周日晚上都会一起做作业。"

卡罗尔对布莱恩的影响来得慢一些。"有时候家里只有我们俩,有时候我们会在厨房里做饭。布莱恩喜欢烹饪。我们一起做饭的时候,我会跟他谈谈将来。我会说:'你在电子方面很有天赋,为什么不接受一下正规的训练,把这个能力培养起来?'我也一直引导他把目光投向未来,我会问他:'当你50岁的时候希望自己在哪儿?你还想在酒店里卖酒吗?你想像你的父亲一样得过且过吗?'"

"所以你是告诉泰德的孩子们,他们的父亲并不是个好榜样?"我评论道。

"噢,他们知道他不是。"卡罗尔耸了耸肩,"我一直想告诉他们的是：他们是有选择的。"最后，她告诉我，布莱恩上了当地一所顶尖的商业学校，因此现在有了高薪的工作，是一家大公司的计算机电子学方面的专家。他也拥有了美满的婚姻，组建了自己的家庭。卡蒂上了教师培训班，现在是一个小学老师，嫁给了一位兽医，有了一个属于自己的小宝宝。

"顺便说一句，她跟她爸爸已经完全没有联系了。"卡罗尔说，"那种乌烟瘴气的环境。我想，只有当孩子们真正走出那种环境之后，他们才会意识到那地方有多糟糕。"她和卡蒂之间的来往还非常密切，类似于母女一样的关系。

情感纠葛

"我觉得自己是个非常理性、有逻辑的人，"卡罗尔说，"除了在处理情感纠葛方面。我觉得我还是理性有逻辑的，但是我会让自己的内心来做决断。"在她重新回去履行作为泰德妻子的义务时，她发现生活还是并不轻松。她察觉到泰德酗酒严重，无论是人前还是人后。

"我想，最后一根稻草应该就是酒吧。他心里清楚我有多反感，在房子的各个角落不断地发现伏特加的空瓶子。终于有一次，我郁闷极了，拿了一瓶酒，就当着泰德的面，直接往水槽里倒。他脸色铁青。打那时候开始我们就不说话了。"

卡罗尔很快就觉得自己孤苦无依了。"我觉得自己像一只困兽一样掉到陷阱里去了。因为我们债台高筑，而且债务还放在我的名下，我什么都买不起，什么都不敢干。我不能跟父母说，因为他们肯定不会同意我离婚的。他们会说你得再努力一把，我是个坚强的人。"因为孤立无援，卡罗尔开始失眠，焦虑，时常惊恐不安。

有一天她一脸憔悴地去上班，同事们劝她赶紧先请假到附近的诊所去检查一下。"当我见到诊所医生的时候，他一下子就明白我是怎么回事了。他给我开了抗抑郁的药物——我记得好像叫左洛复——还建议我去看一位精神病医生。"

在她治疗的过程中，卡罗尔意识到她不可能改变泰德。她不能一直陷在这种困局中，越早抽身，对她越好。在这段情感关系中，一直占据支配地位的那颗心早已经不在了。

就在几周后的一个下午，知道泰德不在家，卡罗尔搬出了伯克家。"我唯一带走的就是所有的账单，其他什么都没拿。因为我知道我可以再回来取衣服，搬家具，但如果我不把这些文件还有泰德的活期存折带走的话，我将永远都弄不清之前发生的一切究竟是怎么回事。"

在之后的几个月中，她都在仔细研读这些文件。因为和泰德承担共同债务，她已经穷困潦倒了。在把家具和很多衣物安置完毕之后，她跟她的教母生活在了一起。"当离婚听证会的日子终于到来的时候，我提着一个手提箱走进了法庭，箱子里装着三英寸厚的活页文件夹。"这一年来，她记录了每一笔金融交易，形成了一条追溯过去的完整时间线，这简直就算是一项严肃的财务考古工作。"最后，我在法庭上把一切都清楚地呈现到大家面前。"她说。

法官判定泰德需要以分期付款的形式偿还所欠前妻的钱。"事实上，这些款项中大多数的钱都是用于购物的，他买那些东西的时候我还根本没出现呢。"她说，"所以，最终的决议是他每个月要还我一定数额的钱，到最后，需要一次性支付我一笔大宗欠款，高达 1.2 万美元。"

在这次法庭判决后，她得到了一笔 3.5 万美元的银行分期贷款，终于把卡债还完了。在快 10 年之后，卡罗尔的财务状况终于恢复到了她与泰德婚前的情况。

当一个人碰上像泰德·伯克这样的说谎高手时，是很难将谎言和真相分离开来，尤其对于一个深陷于浓情蜜意中的人来说，心中的浪漫错觉会不断告诉你，"我爱的这个男人不会骗我的。我爱他。我了解他。他是个好人，他也爱我"。就是这种虚幻的假想让卡罗尔在短短一段时间内，从一个经济独立的女性沦为负债累累的穷人。重新让自己回到过去那种经济独立、信用良好的生活轨道，足足花了她 10 年的宝贵时光。

但从某个角度来说，她又是幸运的。比如，就是因为跟泰德的这一段无望的情感纠葛，她才认识并喜欢上了他的女儿卡蒂，之后是卡蒂的丈夫和她的孩子。"卡蒂是我遇上前夫的缘起吧。她需要我走进她的人生。要是没有泰德的话，我和卡蒂之间是不会有交集的。他就是为了我们的相遇而存在的，但是我们俩现在都把他抛在脑后了。"卡罗尔说。

之前的另一个"幸运"的地方,她觉得是必能宝公司的大规模裁员,这才让她向国内收入署的代理人咨询。也正是因为这次的机缘,她才了解到她完全没有义务负担泰德的债务,因为那些债务是在他们婚前就产生的。虽然在她身上发生了许多事情,卡罗尔还是相信她是幸运的,这是上帝的安排,应有仁慈的神在护佑着她。

订立婚前协议

我问卡罗尔她会给其他的再婚人士,特别是要成为继父继母的人们一些什么样的忠告。

她沉默了良久,似乎完全无法回答。最后她在仔细斟酌了措辞之后说道:"我是个没有自己子女的人,刚开始的时候,我很可能不会那么大方,去一味地付出。我希望什么都能分享分担,尽我所能每个人的人生都像我一样充实、丰富和惬意。但是这样做却耗尽了我的资源和财富。"她的声音渐渐微弱下去。

我想起了她在和泰德交往的时候借给他的 3 万美元。她为什么不坚持用某种方式保障这笔钱的安全性,比如放到第三方的户头上呢?为什么不在泰德向她提出借钱的时候就引起警觉,敲响警钟呢?

"你确实耗尽了你的资源和财富,彻彻底底的。"我不禁说道。

"是的。所以我的建议是从长计议。我们没有签婚前协议,我想从总体上而言,签婚前协议真是个不错的办法。这样每个人的一切就都可以摊到桌面上来了。是不是有卡债？这个人真有自己的房子吗？他是做什么工作的，可以有多少工资养家？你自己可能是非常诚实的人，但是你又怎么知道另一方也像你一样诚实呢？"她举起双手向上一扬，好像这一连串的问题是她的连声哀求一般。

"你是建议要再婚的情侣们订立婚前协议吗？"我问她。

她点了点头说，是的。她希望让走进再婚家庭的孩子们知道，他们的父亲欠他们的，迟早他们是会得到的，但是如果这对再婚夫妇的婚姻破裂的话，那么那个新来者就又得靠自己养活自己了。"再婚协议是很必要的，就像艾滋病检查一样必要。"她解释道，"你不是因为觉得对方有问题才去做，而是想要告诉对方，你对他（她）是认真的。"

我不敢肯定我是不是听懂了她的意思，为了弄清她的言外之意，我说："做艾滋病检查包括让你的爱人知道，这对他（她）而言是安全的防范措施，是让你的新配偶知道他（她）不会有一天去看医生，就突然发现自己感染了艾滋病。"

卡罗尔听懂了我的话，但她摇了摇头说："你说得对。但是我对于婚前协议的看法是：我想让你知道在你面前，我没有半点虚假，我的人生、房子、职业、财务状况都是真的。所有的一切我都对你实话实说。我们之间没有秘密。我就是那个让你百分之百确信的人。"

第七章

如何管理家庭财务

再婚夫妇双方对于他们各自会给这段婚姻带来什么样的经济资源,将来打算如何处理双方共同的财富,在这些问题上千万不能羞于启齿。

考虑再婚的情侣最为忌讳的词，其中之一就是那个"M"打头的词——金钱。要去幻想两个相爱的人在一起共进烛光晚餐，尽情享受着美食美酒，沉醉于彼此的陪伴，这一点儿也不难。在经历过一段漫长而单调的择偶，找到了自己感觉"对"的那个人之后，这对情侣发现彼此三观一致，都幽默风趣，十分享受二人共度的好时光，似乎一切都顺风顺水。但如果女方（比如，离异带两个女儿的，一个7岁，一个9岁）望着桌对面的另一方，心中怅惘着这位未来伴侣的经济状况如何，那么她敢开门见山地说出来吗？她能提议选一个安静的夜晚，他们俩把自己的财务收支都列一列，谈一谈婚后该怎么管理大家的共同资产吗？她的未来伴侣（同样是离异的，有两个年纪更大的孩子）会不会就开始满心不悦，一脸狐疑地看着她？如果他还没有从上次离婚的财务打击中缓过来，他会不会就开始想，面前这位看似善解人意的爱人也是个贪婪的女人，关心的是他的收入和资产而不是他本人？她也许会担心（这种担心也确实是有道理的)这样的一些问题会破坏他们营造出的良好氛围。

类似这种根深蒂固的忧虑往往会导致这样的局面,关于金钱的关键问题无人敢问,即便到了再婚誓词郑重交换时,答案仍然悬而未决。但是,再婚夫妇有必要交流大量的信息,以免在日后会陡然出现不愉快的事情。举个简单的例子,什么是所谓爱人的"金钱观"呢?配偶中的其中一方可能卡债累累,每月按最低还款额支付欠款仍然安之若素,而另一方会在收到账单的时候,立刻就将整笔借款还清,否则就会觉得如坐针毡。这种金钱观上的分歧,我们可以在伯克夫妇骇人的故事中了解得淋漓尽致。

根据美国继亲家庭协会(the Stepfamily Association of America,SAA)的前主席玛格丽·恩格尔(Margorie Engel)的说法,再婚夫妇不仅会将他们截然不同的金钱观带到新的情感关系中,此外带来的还有他们之前婚姻中遗留的包袱。"比如,人们通常会认为新配偶应当是伴侣人寿保险单的受益人。但在第二次婚姻中,事实却不是如此,这种情况凤毛麟角,除非愿意因为增长的年龄和可能出现的新医疗事宜缴纳高昂得多的保费。"在几次跟我闲聊的过程中她如是说。

最为常见的情况还是前夫(前妻)才是保单的受益人,因为这个已经被附在离婚协议中了,作为给孩子和配偶抚养费的一种担保。"但是,当你刚刚再婚之后,面临着翻天覆地的变化——找地方生活、接手照顾配偶子女、管理更多的车辆以及缴纳随之而来的更多保费等——换一份新的人寿保单一般不会是当务之急。"再婚财务学方面的专家恩格尔说,"但是,对于很多女性而言,成为丈夫人寿保单的受益人是能否拥有经济安全感的标尺。"

实际上,大家都蒙在鼓里的是,如果有任何危机突发,这位新妻子可能在任何方面都得不到保障。只有等她配偶的亲生子女长到18岁,此后不需要再支付抚养费,因此也就不需要金钱作为担保的时候,丈夫才有可能重新指定他现任的妻子成为自己保单的受益人。"这个,"恩格尔冷冷地说,"也只有在再婚夫妻俩中有人碰巧想起了这个问题的时候才会发生。"

另一件令人不悦的意外是大学奖助学金的潜在损失。任何形式的奖助学金——无论是无经济能力的孩子的奖学金、补助金还是半工半读——都得先填联邦学生资助申请(Free Application for Federal Student Aid,FAFSA)。比如,如果单亲妈妈一年赚三万五千美元,她又嫁给了一个年入九万美元的新丈夫,那么这位新丈夫的收入就会被计入家庭年收入中——就算他一分钱都不会花在继子女的教育上。事实上,恩格尔告诉我,在她自己40岁时再婚之后,她大女儿的那个学期奖学金就被撤销了。

还有一个很有意思的例子,我采访过的一对夫妇说他们已经同居6年了,没有履行结婚手续就是为了避免继父的收入被纳入联邦学生资助申请文件中。这位名义上的继父让他自己的三个孩子都顺利大学毕业,但就不想支付第二任妻子的儿子的花销。考虑到会成为牵涉其中的，正处于不断成熟期的孩子的反面教材，恩格尔并不支持这样的做法。

一位将要再婚的女性应当充分认识到，当她对着新配偶说出"我愿意"的时候，她也就放弃了成为前夫社保受益人的权益。如果她一直单身，第一次婚姻存续期达到 10 年以上时，她本该可以（在 62 岁的时候）拿到退休丈夫的社保收益分配给配偶的那一部分。很有意思的是，如果这位女性后来的婚姻因为配偶的死亡、离异或是判决无效而告终的话，她就可以重新成为原配的受益人，拿到他社保户头的收益。而且，如果她的第一任配偶现在已经过世了，再婚状态也终结了（因离异、配偶死亡或是婚姻无效），她就可以名正言顺地成为原配的遗孀，在不影响其他未亡人收益的前提下，领取属于配偶的收益。看起来似乎很奇怪，但是两个寡妇可以同时领取同一个男人的社保收益。

婚前坦诚公开双方的财务状况

虽然不少情侣在再婚前夕能坦然地聊他们过去的性史，但一想到要主动谈及彼此的财务状况，却都不由心生羞怯，面露难色。可是，说到建立相互信赖又安全的情感关系时，没有什么比关乎经济的对话更重要的了。正如恩格尔所说的一样，再婚双方需要在以下问题的答案中找到安全感："如果你出了什么事，我会怎么样呢？"对双方财务状况的全盘了解，是他们能够给予对方最好的结婚礼物了。

从最理想的角度来说，为了了解彼此的财务情况，他们都需要哪些文件呢？在一大堆信息量巨大的论文中，一篇恩格尔发布在SAA网站上的文章给出了一份完整的清单，其中包括以下类别：信用卡清单；房产清单及价格评估；个人理财；债权及债务；投资（包括资金申请，如申请银行贷款等）和财务报表（银行账户和所持证券等）；医疗保险；人寿保险；个人财产保险；纳税申报单；工作经历/简历；雇主提供的保险/收益；退休金；收入记录；（如果有的话）家族生意的所有权或是享有份额。

这份带有详尽注释的清单长得都让你喘不过气来了吧！而且恩格尔还建议，基于他们潜在的财务状况可能对双方带来的影响，在婚前会议中还应当触及其他的一些话题。在这一份崭新的表单中位居前列的是纳税的相关问题；需要抚养的各年龄段孩子；短期内要缴纳的大学阶段开销；不稳定的工作状况；以及大家庭的开支——比如，有上了年纪、体弱多病的父母要赡养。正如恩格尔预警的那样：“无所适从的忠诚度（子女要忠诚于自己的生父母还是继父母），新的责任和不断变化的需求，都在迫使再婚夫妇们慎重考虑这个复杂新家庭的构成问题。"

当然，正如恩格尔很快注意到的一样，再婚夫妇经常会遇到具体到他们自身的一些问题，比如，房屋、车辆或是家电因为保养维护不善，马上就会引发关注，可能就成为未来伴侣财务支出的一部分。与此类似的还有"定时炸弹"——健康问题，以及所有因为再婚而不得不放弃的收益——上面提到过的社会保险，或是工作或退休金。

最后，恩格尔还断言，再婚夫妇们还需要聊一聊某些关键的议题，比如，双方的金钱观和消费习惯；一方要搬离自己的故土，放弃自己的工作，在新地方找工作；固定和非固定的收入来源；确诊的身体或心理问题；继承的财产；退休保障；医保代理和遗嘱。还有一个需要商谈的是今后是否要属于两人的孩子。在有些情况下，这可能成为一个棘手的大问题,比如,一个五十多岁曾经生养过子女的男子娶了一位三十多岁的女子,女子迫切希望能拥有自己的孩子——这让她的配偶大感头疼。

净资产与风险管理

财务专家乔安娜·比克尔（Joanna Bickel）对我说过，虽然恩格尔的清单乍看之下令人头晕眼花，但实质上可以归结为一句话：这个人拥有什么，这个人欠别人什么。"这就是个净资产声明，包括了银行账户、股票投资、退休金等。当然了，还有信用卡债务和其他大宗的账单。"

每个人的财务身份就是靠这个净资产声明来认定的，比克尔说。"如果你坐下仔细地阅读完这份清单，比如，你在家族生意中占有一些份额，你还欠提莉阿姨（Aunt Tillie）5万美元的借款。"那么到了最后，你就会理出一份净资产声明。

恩格尔清单中提到的保险那一部分——无论是医疗保险、车辆保险等——都是另一个范畴的概念，属于风险管理，比克尔解释说："这些都跟'如果……会怎么样'有关——所有可能发生的可怕的、意想不到的事情。你会想要知道你的意中人是怎么分配他（她）的财富来防范严重的财产损失、疾病或是某方面的残障的。"爱情很美妙，但婚姻不仅仅是一种情感升华，还包含着柴米油盐。

但是，无论是恩格尔、比克尔、佩培瑙，还是我咨询过的一些其他的继亲专家，他们都承认，只有很小一部分的再婚夫妻会在举行婚礼之前开诚布公，详详尽尽地谈一谈彼此的财务状况。如果伯克夫妇能在婚前好好谈一谈这个，他们的人生就会大不同了！回忆起他们的时候，我不禁想，为什么在交往中，泰德向卡罗尔开口借3万美元的时候，卡罗尔没有在心中敲响警钟？为什么她没有想到这其实意味着泰德没有资格申请银行贷款？为什么她没有想到这可能是显露出泰德糟糕的财务状况的冰山一角？她为什么乐天地跟泰德结了婚，而不是在跳进这个火坑之前停下来三思而行呢？

婚姻资产负债表

有些夫妇在再婚时，就简简单单地把钱财资产都放到了一起，这就是打理新家庭资产的所谓"一锅"法则。还有一些夫妻决定保持各自独立的账户，用 AA 制的方式支付子女抚养和家庭开销，很显然，这就是"两锅"协议。第三种管理继亲家庭财务，也是佩培璐最推崇的一种方法是"三锅"法则。这种管理方式需要夫妻双方负担自身和所携带子女的开支，然后开设第三个户头往里面存钱，用于整个家庭的开销（如食品、房贷、维修、保险之类的）。

很多研究者一直试图想找到这个问题的答案：哪种资产管理方式是最佳的？存在一种能让整个家庭收获更多的幸福感和满足感的管理方式吗？这样的答案显然不存在的。没有一种财务模式能万无一失地确保运行得比其他方式好。

还有个现象很有意思，毋庸置疑，在初婚家庭中，钱是夫妻争吵的主要起因，由于孩子而引发的争吵尚居其次。可是在再度婚姻中，这个情况却掉了个个儿：再婚夫妻的争端主要围绕着孩子，关

第七章 如何管理家庭财务

于金钱方面的矛盾位居第二。但这并不意味着财务问题在继亲家庭中无足轻重。正如恩格尔发布在 SAA 网站上的一篇信息量丰富的文章中提到的那样,"信任、忠贞和能否携手走到最后都是继亲家庭的潜在问题"。

虽然再婚夫妻们会确定使用"一锅""两锅"或是"三锅"法则的其中之一来打理财务,他们肯定会在这几种方式的基本形态上进行自己的调整和变化。比如,一对协议运用"三锅"法则的夫妇——你的、我的和我们的——会仔细权衡这种方式的公平性。正如恩格尔告诉我的一样:"协议确定,妻子和丈夫各自负责自己孩子的开支。但如果整个家庭开销五五开的话,妻子一年只赚 4 万美元,而丈夫一年赚 10 万美元,因此,他们一定会根据这一差异做出一定的调整。"那么就需要利用婚姻资产负债表来打造完全的公平性。

一个先决的困难在于很多男性对于养孩子究竟要花掉多少钱毫无概念,恩格尔说:"他们也许知道那些大事的花销,比如,牙齿正畸、学校学费,但是却对日常开销一无所知;比如,买些像牙膏和创可贴之类的小东西,办个全天生日派对或是带丈夫的女儿出去给她买件舞会礼服。女性们经常跟我说,她们很害怕向配偶开口报销这些费用,因为她们的丈夫根本不知道会花掉多少钱。"这些日常的小宗开销,相对而言,就像小蚊虫一般,但是很快就会聚沙成塔,成为大家刻意回避的话题。

恩格尔指出，有时候，如果一位职业女性再婚嫁给了一位带孩子的男士，孩子幼小，由他照顾（也许是妻子过世了），为了营造出温馨的家庭氛围，这位女士就辞职，专心照顾她的新家庭。在这种情况下，她放弃的可能是之前一直积攒至今的退休收益。"如果她待在家里，把家里打理得整洁舒适，把所有的孩子料理得妥妥当当的，那么她就没有办法顾及自己的个人财务安全感。"恩格尔说道。为了婚姻财产负债表的公平性，夫妻双方应当做出一些适当的调整。但是，在很多案例中，在戴上婚戒之前，夫妻双方都完全没有考虑到这种现实，那么结婚之后，就基本不可能进行此类调整了。在恩格尔1998年完成的一项研究报告中就有一个典型的例子。此项研究调查了426位再婚妻子对于目前自身财务状况的看法，其中一位受访的博士言辞激烈地说道："如果让我重来一次的话，我绝不会放弃我年薪6万美元的工作，卖掉自己的房子，离开自己所在的州，遇到这个要命的继子。看着这场婚姻慢慢走向坟墓，继子的脸上却露出满意的微笑。"

但是这些调查数据（被分为好、一般和差三类）也表现出两极分化的特点，因此，恩格尔团队的研究者也接到以下这样的讯息："我什么都改变不了。我想我们应付得还不错。可以帮着赚点钱贴补家用，有共同的目标和金钱观。我们婚姻中大量的时间都花在这个领域里。"

我们有理由怀疑，前一位受访者的眼睛在婚前一定是被各种浪漫的感觉和过高的预期所蒙蔽，让她一时看不到她做出的重大决定可能带来的严重后果。我们能轻易地想象到，这位幻想破灭的女士在恋爱期一定从未提出过任何跟"钱"相关的问题。

遗产继承事宜

如果说正在恋爱期或是刚刚再婚的情侣对各种财务问题闭口不谈的话,他们之后也很可能会善意地忽视继承问题。那就是,如果收入更高的那一方——通常是丈夫——在结婚数年之后,突然因为一场车祸或是心脏病突发去世了——那么会怎么样呢?如果没有拟订婚前协议也没有订立遗嘱的话,那他究竟想如何处置他的财产就不得而知了。在这种危机时刻,这位新任妻子能继承到先夫的任何遗产吗?

就这个问题,我咨询了雷斯利·E. 戈罗德(Leslie E. Grodd),一位43年专注于信托和不动产方面的律师,同时也是跻身美国最佳律师榜单的人。他说,每个州的《家庭法》都不太一样,在他从业的康涅狄格州,再婚妻子可以首先继承价值10万美元的不动产,其他部分需要和先夫尚在人世的亲生子女平均分配。如果去世的配偶没有子女,但有在世的父母,也会是类似的分配方式。第一笔10万美元归新妻子,此外她还将继承先夫75%的不动产,剩下的25%归男方的父母。简言之，康涅狄格州（和其他州一样）在未订立遗嘱的前提下会启动默认的继承形式。

但是妻子能不能够继续住在丈夫名下宽敞舒适的大房子里？她之前已经卖掉了自己的公寓，带着自己还在上学的孩子搬进来住了。她的名字在房产证上吗？没有人在受到亲人去世的重创打击中还会想去找这些问题的答案。

而且，对于与再婚夫妻有血缘关系的潜在继承人而言，再婚配偶的出现，无论他们是不是对他（她）关怀备至，都会引发敌对的场面。比如，一对来自马萨诸塞州的夫妇就告诉我，当丈夫的父亲去世之后，他的第二任妻子（丈夫的继母）还继续住在两人之前生活的房子里。虽然之前这位儿子得到过确定的信息，他和自己的孩子都出现在父亲的遗嘱中，但是这份遗嘱却没有公证过，现在也根本就找不到了。在这个案例中，不动产的归属就没有按照血统关系往下继承，而是最后落到了继母之女的手里。这种结果极其罕见，因为一般来说，再婚配偶和血亲子女都是不动产的受益人。

马萨诸塞州遗嘱认证与家庭法庭的退休法官 E. 舒托·莱文（E. Chouteau Levine）向我解释了这件事的前因后果。在这个案例中，这位父亲大多数的财产都与这所大房子密切相关，而这栋房子是他与他的再婚妻子共同拥有的。正如这个案例中发生的一样，如果这栋房屋是两人所有的，在世的那一方就能直接继承，那么这个房产就不在遗嘱认证庭的管辖范围内，就不是可以由继母和仙逝者的亲生子女一同分配的。虽然这位父亲可能对第二任妻子提过将这栋房子留给他的儿子,但是她有权任意处置,想留给谁就留给谁。

正如莱文告诉我的一样:"一切都取决于财产的归属权。如果是'大家共同所有',这栋房子就会作为亡者的不动产交由遗嘱认证庭处理。如果是再婚夫妻'双方所有',在世的一方配偶就可以直接继承。比如,如果这位父亲真的想把他的财产最终留给他儿子,那他之前就应该好好拜读《家庭法》。"如果他像大多数人一样,就是随波逐流,单纯地希望他的配偶"做出正确的选择",那他就太天真了。她完全可以不听他的,因为那房子现在属于她了。作为这栋房子唯一的所有人,如果她未订立遗嘱就去世了,这笔财产就不会传给她的继子,而是由她自己的血亲所继承。

这个故事告诉我们的是,再婚夫妻双方都必须大致了解《家庭法》,尤其是州立法律中与遗产继承相关的条款。这些相关信息可以到本地图书馆借阅州立法律书籍,到法律院校走访法律诊所或是咨询像雷斯利·E. 戈罗德这样的信托与不动产专业律师,或是 E. 舒托·莱文这样的遗嘱庭法官来获得。这件事的底线在于必须有具法律效应的遗嘱、委托或是婚前协议,以保证能够反映将死一方的真实意图。所以,我们有必要再次强调,对于"金钱"只字不提并不是规划未来的明智方式。

如何开口谈钱

虽然业内专家都一致认为在再婚之前，双方清晰准确地沟通财务事宜能够减轻彼此的焦虑情绪并发现潜在的问题，却很少有准夫妻们知道该如何开口去谈的。他们担心这么做会打破浪漫的氛围，会让自己显得很不可信、贪婪或是触角伸得太长。但是，关于金钱问题的商谈，最好还有与利益无关的第三方在场（比如律师、财务顾问或是税务会计等），他们可以想在再婚夫妻前面。所以究竟该怎么开口提出要谈这个听起来冷冰冰的话题呢？有没有一些比较保险的方式来提出这个棘手的问题？

第一种解决方式大概是采取迂回策略。想要展开这个话题的一方可以开始先问一问另一方关于未来的整体规划。他（她）打不打算给孩子们一些零花钱，大概是什么数额的？应该怎么处理自己拿到的孩子抚养费？以前住的公寓现在出租所收的租金怎么办？当她的外存货币收回来以后，是要用在自己和自己孩子的身上呢，还是用在全家身上？我们要开一个联名户头吗？如果要的话，用于支付什么样的花销呢?

大致地谈一谈今后的金钱管理模式,就能无缝对接到目前拥有的财务资源问题上(存款、银行账户、经纪账户、不动产等)。当然,当想到泰德·伯克几乎什么都对未婚妻撒谎,能够亲眼看一看双方陈述的支撑文件是最好不过的。卡罗尔·伯克还以为自己每个月付的是房贷,其实那房子却是泰德的哥哥一人所有的。

第二种更为直接的做法可以按照以下的逻辑进行:"嗯,你知道我刚跟几个同事一起出去吃饭,有几个也是再婚的。他们强烈建议我们俩要好好聊一聊财务事宜,这样我们就能明确地知道各自给家里小辈儿都带来些什么资源,也交流一下家里的开销该如何处置。"

第三种类似的开场白是:"我希望你不介意我提出一个略微敏感的话题,但是当我们俩开始正式交往的时候,我就一直在阅读一些发布在国家继亲家庭资源中心上的文章。"这里我们应当注意到,美国继亲家庭协会已经并入了国家继亲家庭资源中心(the National Stepfamily Resource Center,NSRC),恩格尔各种有洞见的文章也可以在这个新网址上搜索到。

发起财务商谈方面话题的最后一种轻松且安全的方法可以是:"我知道这个话题很棘手,所以我们可以从列表开始,咱们俩都列一列跟经济相关的条目,看看哪些是最难处理的,哪些是最简单的。然后先从最简单的入手,至于那些更难的,也可以看看从哪里开始最可行。"我喜欢这种方式,因为它给了双方一定的空间将事情理清楚，也有参与感。但是，我们必须强调，除非以信函的形式整理成文并由公证人在侧公证，否则所有达成的协议都是无意义的。

从总体上来说，如果夫妻双方经济状况允许，可以负担得起专业服务的话，杜绝财务纷争的最佳方式是有第三方非利益方在场。但是无论如何，再婚夫妇双方对于他们各自会给这段婚姻带来什么样的经济资源，钱会花在什么地方（比如说买保险），将来打算如何处理双方共同的财富，如果其中一方残障、患病或死亡的话，事先会做什么样的安排等，在这些问题上千万不能羞于启齿。

再婚夫妻的一方或双方通常都会为这次婚姻带来一些资源，或是对于过去的婚姻还承担着一些责任，他们需要共同努力，在如何持家以及防范未来可能的不测方面，制定出一个公平可行的系统。

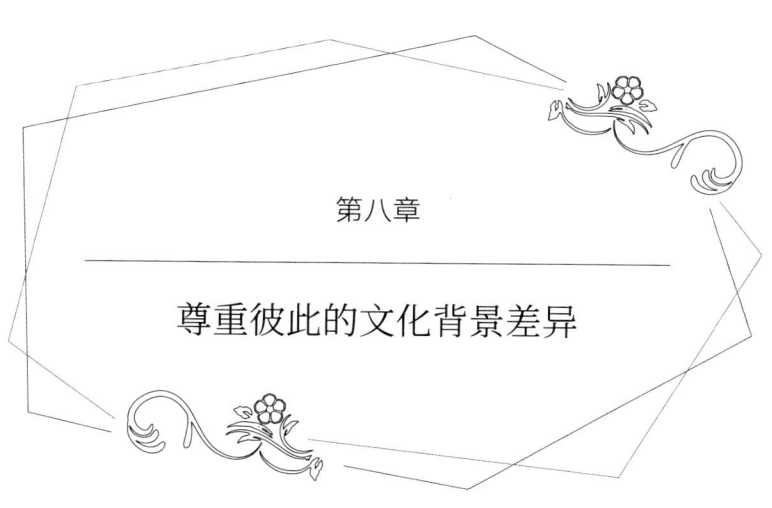

第八章

尊重彼此的文化背景差异

不要去争论文化规约是对是错，而是学会包容和尊重彼此之间不可避免的差异性。

尊重家庭文化的差异

米格尔·佩雷斯与维姬·德·马泰奥夫妇在我们进行采访的时候，已经结婚5年了。从理论上来说，这对他们双方而言都算是第一次婚姻，但是因为维姬将她年纪很小的非婚生女克里斯蒂娜（Christina）带入这次婚姻，所以实际上来说，这基本就是一场再婚，这个家庭一开始就拥有了继亲家庭的结构。

米格尔是第一代波多黎各人（Puerto Rican），而维姬则是成长在一个同化程度更高、关系更加亲密的意大利人与美国人结合的家庭中，这也就是说这对夫妇遇到的很可能不仅仅是以上描述到的建构模式问题（局内人/局外人、异质的家庭文化、父母的育儿方式等），还有他们所成长的种族群体中反映出的差异性很大的价值观和理念。

米格尔是一位建筑工人，身材不算太高却很壮实，肌肉强健。他皮肤呈深咖啡色，眼睛乌黑，留着柔软的褐色头发，身上有一种温柔的气息，看起来为人谨慎，颇有些犹疑。维姬是一位医生的助理，在本地一家医院协助医生的工作。她非常干脆果断，每当我问到米格尔问题而让他觉得难以表述的时候,维姬都会抢先回答。

维姬35岁,比米格尔大2岁,对于米格尔她似乎一直充满了母性的关爱。他们共同育有一个孩子安东尼(Anthony),现在已经5岁了。他们俩是不是奉子成婚?我心里想。据我所知,维姬的女儿克里斯蒂娜4岁的时候,她和米格尔就开始生活在一起了,现在克里斯蒂娜已经16岁了。克里斯蒂娜的父亲是个酒鬼——由于各种酒驾事件而锒铛入狱,现在跟她的联系很少。作为继父的米格尔,在整个克里斯蒂娜的童年是唯一存在的可靠男性角色。

我问他,跟一个带孩子的女人结婚他有没有犹豫过。在他还没开口的时候,维姬就插进话来:"我还以为我会一直单身下去,一辈子!在我看来——我这么一个带孩子的女人——永远都找不到愿意跟我在一起的,还拖油瓶,那是个累赘。"

米格尔笑着说他的朋友们一直跟他说:"你跟带孩子的女人约会吗?那可是麻烦透了!"

"所以你觉得在别人看来,跟你在一起,他简直就是疯了?"我问维姬。

"是的。"她说,于是我也问了米格尔同样的问题。

"我也这么认为。"他回答,"人们都说,哇,这家伙就是给别人养孩子。"

我问他自己是不是也这么想。他摇了摇头说:"不,一点儿也没有。"

第八章 尊重彼此的文化背景差异

维姬又很快插进话来。"因为我保证过,"她说,"我不会让我女儿成为他的负担。我会自己照管她的。我从来不想让他觉得他有任何义务养我的女儿,即便他愿意这么做。"她说得非常清楚,不希望米格尔卷入她女儿的养育中。

维姬个子很高,身材窈窕,有一双深邃的绿眼睛,留着褐色的齐肩长发,说起话来沉稳而极具权威感,不愧是个专业的医疗从业人员。我问她,因为她和米格尔同在一个屋檐下,她是如何做到跟米格尔划清界限,独自将克里斯蒂娜养育成人的。

"我试图控制整个局面。"她说,"可能我真不该这么做,这可能就是为什么,过了这么些年,他们俩之间的关系还不是太亲密的原因。"她的脸上笼罩着自我怀疑的阴云,但片刻之后就恢复如常了。"我从来不把我女儿推给他,"她声明道,"我下了大功夫,每次她有什么事都会来找我。我一直跟她说:'你来问我。妈妈都会为你解决的。你要来找妈妈。'我不想给他添麻烦。在克里斯蒂娜长大的过程中,我做了很多很多。"

我问米格尔他希不希望维姬这么做。他沉默了片刻,我本以为他不会回答了,但过了一会儿他说:"一开始,我还以为她不让我靠近孩子是因为我们俩在一起的时候都太年轻了,我想我们并不确定我们的关系会发展成什么样儿的,是会结婚还是会分手?我以为维姬是不希望有人和克里斯蒂娜的情感变得过于深厚——因为这个人可能不会一直都在。"

"那你更喜欢哪种方式呢？是希望和继女保持距离还是培养更亲密更深厚的情感？"我问他。

米格尔直视着我的眼睛说："毫无疑问，我更希望跟克里斯蒂娜能走得更近一点。"

我笑着说："她现在才16岁，还是有可能的。比如说，你可以做一些专属于你们父女的事儿，像是单独带她出去吃饭，维姬不要在场。或是带她去看她想看的演出或是演唱会。"在我提出这些建议的时候，我觉得自己可能多此一举了，因为对于一个采访者而言，这不在我的职责范围之内。

"是的，也许她会喜欢的。"米格尔说，他的嗓音中透露着疑虑。他瞥了一眼妻子不动声色的脸，我能感觉到他已经在打退堂鼓了。"克里斯蒂娜现在已经是个大姑娘了，她有自己的朋友。"他一边说一边摇着头，仿佛在说这已经不现实了。

我意识到自己涉及了敏感话题，米格尔已经不想再继续下去了。这个家庭中有不成文的规定，要求将继父和继女绝对地分隔。维姬是个局内人——只有她能同时接触到他们俩。就在那时，我决定问一个通常我会留到访谈末期才会提的问题："米格尔，你觉得自己是这家里的局内人还是局外人？你觉得自己是中心人物还是外人？"

他想了一会儿，然后回答说："一半一半吧。二者兼有。"

"一半一半。"我重复道，"你是说当你跟你儿子安东尼、维姬在一起的时候你是局内人，如果说是维姬和克里斯蒂娜的时候，你就是外人。"

他点头表示赞同:"是的,是的。"我又转向维姬,问了她同样的问题。"我是局内人。"她惬意地回答,"我一直都是局内人,毋庸置疑。"米格尔则显得有些不自在,他变换了一下坐姿。仿佛在这对夫妇的家中其实住的是两户人家。米格尔是其中一家当之无愧的局内人,却是另一家中的局外人,(我猜)他也能敏锐地感受到自己被隔绝在外,也毫无影响力可言。

彼时·此时

因为米格尔说,他在与维姬交往之前,从未对爱情产生过很大的憧憬,于是我就只问了维姬下面的这个问题:"你认为你的前一段恋情和这一段有什么主要差别?"

维姬全身放松,似乎完全窝在沙发垫里了,她的眼神有些恍惚。"弗兰克是我的第一任男朋友。那时候就是孩子,你明白的,我们是真心相爱的。他是我女儿的父亲。"她突然就不明就里地切换到了现在时态。"我觉得我们是有沟通的。"她加了一句。

"是的,我也会用'沟通'这个词来形容。毫无疑问,我们有沟通。"米格尔误会了她说的人是他。

维姬马上转向他问道:"你是怎么知道的?"

"因为我们确实有沟通啊。"他一脸惊异地说。

"我不是在说你和我,我说的是我和弗兰克。"她说。

"噢，抱歉抱歉。"米格尔连声道歉，其实他没有什么可抱歉的，是维姬的误导让他把事情弄乱的。

"你马上就沟通起来了。"我开玩笑说。他笑着说："是啊，马上行动。"

我顺着逻辑继续问维姬："你对第二段恋情会与第一段不同有没有抱过什么幻想？这些幻想哪些成真了，哪些跟你之前预想的完全不一样？"

她转向米格尔，凝视了他一会儿，又转向我。"我的幻想是我们的沟通交流会更多，我的另一半也能更有权威性。"

"你是说米格尔应当是一家之主？"我问。

她点了点头。"我的前夫是个非常被动的人。很沉默寡言，从来没有自己的主见，除了喝酒什么都不干。"她说着口吻变得愈加挑剔起来。我感到迷惑极了。刚才维姬不是说她跟弗兰克沟通得很好吗？可能她是指他们在最初的热恋期吧。

我问她，有关弗兰克的酗酒问题，他那时有工作吗？她点头表示有，并告诉我她的前任跟米格尔一样在建筑工地上工作。然后我又问她第一段恋情中有没有一些生活模式，是她不希望在第二次恋情中重复出现的，还有第一段恋情中有些什么她希望能继续保留，或是念念不忘的。

维姬摇了摇头。"念念不忘？没有，一点儿都没有。唯一留恋的大概就是弗兰克的家人，主要是他的妈妈。在她去世之前，我们的联系一直都很密切。"她说着，表情丰富的脸上笼上了一层阴云。"至于我希望改变的部分，"她用手指一边点一边说，"这次婚姻没有酗酒问题，沟通也更好。"——她停下了话头，耸了耸肩接着说："我希望在另一个人身上找到的，都找到了。我们俩都得到了我们想要的。"她以一种心满意足的口吻说道。我却有一种感觉，虽然她现在的境况比过去强，但她还是有理由觉得不够完美。

缺乏尊重

夫妻双方都一直认为现在 16 岁的克里斯蒂娜是个柔顺安静、可塑性强的孩子。"她像她爸爸一样，很被动。"维姬用一种满意的口吻说着，仿佛这个缺点在她口中已经变成了一个优点。克里斯蒂娜在家会分担家务，在学校表现良好，成绩一直名列前茅，是学校里的优等生。

这对夫妻 5 岁大的儿子安东尼却恰恰相反，跟他的姐姐完全不同。"他很野性，"米格尔说，"会在学校里打别的孩子，也会打自己的姐姐。托尼（安东尼的昵称）非常有攻击性。"

"他现在刚上幼儿园，所以我们希望他能把这些恶习改掉。"维姬说，"他是男孩子，所以喜欢动手，爱打架。嗯，他的确很有攻击性。"她笑着说，仿佛这些象征男性攻击力的典型事例丝毫没有令她不悦。

"我不得不承认这孩子确实爱动武。"米格尔皱着眉说。

"他还是个孩子。"维姬跳出来为自己的儿子辩护,然后她又笑了。

我没有说话,但不禁浮想联翩,孩子在家中吸纳了紧张的气氛,是会用他们的行为"说出"自己的感受的。托尼在家中充满敌意地攻击身边的人,是不是用行动表明家中一直存在某种问题的苗头?

随着访谈的继续,我了解到,米格尔和比他小一岁的妹妹是在单亲家庭中长大的。他的妈妈从一段屈辱的婚姻中抽身,在米格尔的成长过程中,全家是靠着国家救济和打零工为生的。他人生中有一段时间——8岁到12岁——是跟自己的外婆一起住在波多黎各的。现在回想起自己的童年,米格尔认为他的妈妈是"含辛茹苦地将我们拉扯大,我觉得她真的很伟大"。他到了33岁,跟母亲的关系还是很亲密,并且很重视她的意见——顺带说一句,极度重视母亲的地位也是波多黎各家庭的一个重要文化特征。"我的妈妈是个爱干净的人,非常积极向上,充满活力。她喜欢打扫。"米格尔说。

"她现在有在你家里帮忙吗?"我问道。

"是的,是的,她闲不下来。"他一边说,一边俯身向前,仿佛想起了他勤劳的妈妈,这让他想从座位上跳起来一样。

大家都陷入了沉默,趁此机会我来回打量这对夫妻,然后问他们觉得这次婚姻最好的地方是什么。米格尔回答了我,"沟通。"他说。

沟通这个词在这对夫妇的描述中不断地出现,我非常好奇,对他们而言沟通究竟意味着什么。"'沟通'是指你们会向彼此倾诉存在的问题,还是会一起解决问题还是指什么其他的?"我问道。

"我们会推心置腹地谈论我们的问题,而不是吵得把屋顶都掀翻了,我是说没有冲着对方大喊大叫,争论不休。吵架是没什么用的。"米格尔说道。

我沉默了片刻,随后说:"那你们吵过架吗?——把屋顶掀翻。"

他耸了耸肩。"是的,我们经常吵架,然后就会演变为打架,到了最后,我们会坐下来把事情彻彻底底地说清楚。"他瞥了一眼妻子,表情中充满了狐疑,仿佛是害怕她会对自己的开诚布公感到不满。

她一点儿也不在意。"那么是谁先发火的呢?"我同时问他们俩。维姬迅速回答:"是我。无论我心里想到什么,我都会直接表达出来。"

"那么你是说这次婚姻中最好的地方就是你可以大发其火,但到了一定的时候彼此可以达成共识?"我这个问题是问米格尔的,但是维姬又抢先回答了:"是的。"

"那么你们认为,这次婚姻最主要的问题是什么呢?"这个问题同样是问他们夫妻俩的。

"缺乏尊重。"米格尔不假思索地回答。我一下子抓到了这个关键词,因为我知道"尊重"是米格尔所成长的波多黎各文化中一个极其重要的特征。

"缺乏尊重，"我重复了一遍，然后问他，"你是说维姬不尊重你还是你不尊重维姬呢？"

"都有吧。"米格尔回答，"她会说些我不爱听的，我也会用些她不喜欢的字眼叫她，然后我们就会吵起来。说实话，这种情景在我们家现在很常见了。"

此时，我的脑海中浮现出了一个念头：他们5岁大"野性难驯"的儿子，很可能是在表达经常进入"争吵状态"的父母所给他带来的困惑。这个孩子的攻击性是不是在表达自己长期浸润在这种紧张环境中而大起大落的情绪？

谩骂

虽然他们在过去的一段时间经常吵架，他们白热化的争吵谩骂所使用的词汇却并没有典型的种族色彩。"说实话，我不喜欢的词可能是失败者或是妈宝。"米格尔在我们的谈话过程中提到他们频繁的争吵时这样说道。

维姬咯咯地笑了，一脸尴尬的模样。"那她讨厌什么词呢？"我问他。

"那个b打头的词。"他迟疑了片刻之后说道。

"泼妇（bitch）？"我问。他们俩都笑着摇了摇头。"我说的是骚包（ball-buster）。"米格尔说。

"所以最主要的问题是当你们吵起来的时候，你们会互相谩骂，彻底激怒对方？用不正当的人身攻击方式打击对方？"

"是的。"他们俩异口同声地说。

"也可能是我让你陷入尴尬的做法。"维姬转向她的丈夫说道，"我这么做让你很反感。"

"她是怎么让你陷入尴尬的呢？"我问他。

他耸了耸肩说，可能是在一大堆的朋友和家人面前，大家正相谈甚欢，维姬会突然插进来，纠正他犯的语法错误或是不当的表达方式。"我会给她使眼色，但她还是不停地说下去。之后我告诉她：'维姬，你不能这么做，你不能当着一大群人的面这么说我。'然后我们就会吵起来。"

"这个是怎么回事呢？"我问维姬。

"噢，如果他说了什么，我觉得词说错了，或是语法用错了，或者是他说得没道理，我就会纠正他。这让他很生气，他就会翻脸。他不明白，我只是开玩笑的。"这种洋溢着宠溺之情的辛辣玩笑，在很多意大利家庭是被认为无伤大雅的。

我转向米格尔："所以你不喜欢被当众纠正错误？"

"我不介意别人纠正我的错误，我只是不喜欢她说话的语气，傲慢无礼。我就会摇头。"他一边说，一边不屑地摇着头演示给我看。在他看来，这些所谓的"礼貌性纠正"不过就是不尊重人的侮辱。

"然后你就用'骚包'这个词骂她？"我问他。

他沉默了片刻然后说。"当她当众指出我错误的时候，就好像是说我很愚蠢很无知,大家脸上都显露出轻蔑的神情,然后我就……"他说了一半忽然停住了。

"你是怎么想的呢,维姬?你觉得他说的有道理吗?"我问道。

维姬的脸上泛出了两团红晕,她说对她而言这不过就是瞎胡闹。"嗯,我们就吵起来了,但是到了最后我们都会冷静下来,彼此都明白不过就是些玩笑罢了。他会说:'你想让我怎么样?拿个字典出来吗?说话何必要那么精确?'最后笑一笑就过去了。"

但是,对于一个从文化上来说会将这种行为视为公开侮辱的男士来说,这种事情可一点儿也不好笑。

不同文化观念下的继亲育儿理念

当我问米格尔他觉得继亲育儿是什么样的时候,他深深地呼出一口气说:"喔,有很多事儿要做。"当我让他展开详细谈一谈的时候,他却沉默了。

"你能再详细地说说看吗?"我又问了一句。

"告诉她。"维姬向丈夫俯过身去说道,"把你一直对我说的告诉她,你养女儿的方式和我养女儿的方式!"

"告诉她。"米格尔也嘟嘟囔囔地重复了一遍,然后说,"说到女孩子我确实有些蒙。我有些严格吧——我不知道该怎么说。"

"继续说。"维姬往他那边又靠了靠,敦促道。

又是一阵长久的沉默,最后米格尔开口了:"真的很难,我完全不知道该怎么说。"

"试试看。"我说。接着又是一阵长久的、颇令人不安的沉默。最后他问:"刚才的问题是什么呢?"

我笑着说:"对你来说,继亲育儿是怎么样的,米格尔?"

"你感觉如何？"维姬敦促她的伴侣回答。

"感觉还行吧，当然，从中学到了很多。我是说，她女儿是唯一一个基本由我养大的女孩子。"他的眼神飘到了我身后的那堵墙上，很显然，他是在划水。

"当你和维姬在一起的时候，克里斯蒂娜才4岁。"我说，"从你刚才的表述当中我感觉到，对你而言某些方面似乎很困难。你觉得困难在哪里呢？"我进一步施压道。

"对你来说养育克里斯蒂娜很困难吗？"维姬回应了我的问题，直接向米格尔发问，"因为她并不是你的女儿。"

他摇了摇头。"不是因为这个我才觉得困难的。只是——我说不清楚。"他说。他又摇了摇头说，已经"都过去了"。继亲育儿问题是他不能也不想详谈的一个问题。

我转向维姬，问她是否可以替米格尔回答这个问题。

"嗯，我想可以的。刚开始的时候对他来说确实很困难，现在可能还是很困难，因为我这个人控制欲很强。我希望用我自己的方式养大我自己的孩子。"她的嗓音中透露着果断与坚决。

那她的方式是什么样的？他的方式又是什么样的呢？我刚开口问就被维姬打断了。"我有自己的信仰，我知道我的父母是怎么把我养大的。我不是说他的妈妈带大他——或是他妹妹——的方式是错的，但是他希望我用他妈妈带他妹妹的方式来养育我的女儿！"她的脸颊又一下子涨得通红。

"那是什么样的方式呢?"我问她。

"他妹妹什么地方都没去过。没去过朋友家,没在外面过过夜。自己家里也没来过朋友,连女童子军(the Girl Scouts)都不能参加!我知道的这些事都是他妹妹亲口告诉我的。"维姬用一种完全不认同的口吻说道。

"所以你的妹妹是在十分严格的管教之下成长的。"我对米格尔说,"到底在怕什么呢?是怕她失身还是发生什么糟糕的事情?"

"嗯——这一类的事情吧。"他说。

"这就是他们脑子里根深蒂固的。"维姬说。这话里的"他们"指的也许是她丈夫的家庭,也许是就整体而言的波多黎各家庭。

"是的。"米格尔附和道。很显然,他们俩之间的文化差异,进一步加剧了继父与生母本身就完全极端化的育儿理念。相对而言保守得多的波多黎各价值观将米格尔进一步推向更严苛更具权威的立场,而维姬各种自由的方式对她自己而言并无不妥——而且他们俩对于了解他们自身存在的文化差异毫无兴趣。

"我们经常的摩擦就是我对于克里斯蒂娜很民主随意,但这并不意味着她想干什么我都会同意!但是他,"她指了一下她丈夫,"他就是不信任别人!他觉得就只有待在家里是安全的。所以他妹妹就总是待在家里,总是跟他妈妈在一起。就只有妈妈和女儿。我长大的方式和我养育我女儿的方式他都是不赞同的!克里斯蒂娜会出去运动,会住在朋友家,在女童子军中也是积极分子。而米格尔就希望把她留在家里,就像他妹妹一样。"

维姬的口气中满是不屑。我想起了,她自己就是个未婚先孕的单亲妈妈,而且还觉得正因如此,世上才不会有男人愿意接纳她。

我凝视着米格尔,平静地问道:"换言之,你的家庭觉得外部世界对于女性来说是危险的?说到女孩儿会让你感到害怕?"

"是的。"他说。我能看得出来,在这个思想传统的波多黎各男人眼中,他这位出身于美国—意大利家庭的妻子放任女儿的方式是很危险的。我来回打量了他们俩,然后说:"这是你们俩吵架的主要起因吗?"

"基本上来说,是的。"米格尔说。

"是的,因为这就是他们脑海中根深蒂固的。"维姬又不依不饶地重复了一遍。她和米格尔似乎是被卷入了一场信仰冲突,而这冲突是由各自成长的异质社会环境形成的不同文化理念所带来的。

从广义上来说,克里斯蒂娜长成了如花似玉的大姑娘所遭遇到的危机,是这对夫妇现在所面临的最严峻问题。米格尔十分介意年轻姑娘的行为举止,但因为维姬才是她的亲生母亲,他觉得自己无能为力,不能制定或推行任何的规矩。

我问他们夫妻俩能不能给我举个最近的例子,看这个问题是怎么影响他们的日常生活的。"噢,好的。"维姬不假思索地说。她解释道,克里斯蒂娜谈恋爱了,跟一个14岁的时候就在一块儿的男孩儿出去约会,那孩子名叫胡安。

"从最近开始,这孩子开始会来我们家,他……"她指着米格尔说,

"他的心脏就受不了了,我是说那种完全意义上的心肌梗死!他会一直说,不能这样,这孩子不应该出现在这里!我说,她 16 岁了,这没什么。我宁可她在家里闲来荡去,也不希望她一个人到街上去约会!"

"我不同意这种观点。我觉得根本就不应该谈恋爱。"米格尔脸色铁青。

我问他,他希望看到些什么呢。

"我希望她慢慢长大,上大学,到那个时候她就可以约会了。"他回答说。

"什么年纪?"我问道。他耸了耸肩说:"肯定不是 16 岁。我觉得至少应该是十八九岁。我不喜欢看到他们搂搂抱抱,卿卿我我的。至少别当着我的面,别在我家里。"米格尔满腔愤怒地说。

维姬说,在这一点上,她的想法跟米格尔是一样的。她也告诉过克里斯蒂娜,她不想看到胡安和她老是黏在一起。"我告诉过她,我不想看到那种场面。"她又用力地重复了一遍。

"对我而言,这就是一种失礼!"米格尔愤愤地说,"这男孩子应当知道当你在别人家的时候——别人的爸妈也在场的时候——不应该老是搂着别人的女儿!"

维姬急忙告诉我,他们不会穿彼此的衣服或是做一些逾矩的事情。"我不是说他们做了什么逾矩的事情。"米格尔让步了。维姬在这件事情上与他站在同一阵线似乎让他渐渐冷静了下来。

我问他,是不是希望克里斯蒂娜的男朋友不要来他们家。

"不，不。"他越发败下阵来，"他是个好孩子，迟早克里斯蒂娜会跟着哪个人出去约会的，我对此表示尊重。但是她现在才 16 岁，这太早了。我不能接受。"他的表情又一次凝重了起来。

维姬说，米格尔会一直说他在 16 岁的时候，是怎么跟女孩子们打交道的。"他告诉克里斯蒂娜：'你这样做，以后会追悔莫及的。'"

"那克里斯蒂娜是怎么回答的呢？"我问道。

"她对他说：'嗯，我不是那种人，我不会让那种事情发生的！'我也会跟他说：'你得信任我，我养大的孩子不会那么傻的。'他告诉我：'等哪天她大着肚子回来的时候，我可不想听到你的任何抱怨！'我就说，她不可能大着肚子回来的，我给过她足够多的告诫，她分得清对错！"

"你是说你养大的孩子让你觉得可以相信她有能力照顾好自己？"我问维姬。

"是的。"她骄傲地回答。她坐在那里，腰板挺得笔直。米格尔一脸愠怒。他，作为一位继父，现在扮演着更严格、更苛刻、更专制（却并不是更权威）的角色，因为他无力推行自己的规矩。他的教养方式是站在了维姬更随意、更信任、更有爱（是溺爱吗？）、更百依百顺的母亲角色的对立面上。我不禁在想，维姬自己就是个未婚先孕的妈妈，她是否意识到自己呈现在女儿面前的形象是如何的。正如大多数治疗师验证过的那样，有大量数据可以证明，有些熟悉的"错误"是可以在几代人身上重复上演的。

流言蜚语

在我们的访谈快要接近尾声的时候,我问维姬,有没有什么事情她很想跟米格尔谈一谈,但却从来都没谈过。这个问题似乎是把她逗乐了,她笑着说:"没有,我这个人是个直肠子!有什么说什么。只要话到嘴边了,我就会直接说出来!"

我转向米格尔:"那么你呢?你有没有什么很想跟维姬谈而没有谈过的事儿?"见他没有回答,我就说:"你看起来心事重重的。"

他清了清嗓子:"我想谈的是——有的——关于那些流言蜚语。"

维姬变换了一下坐姿。"你想跟我谈这个?"她问道。

"是的,你也知道我很讨厌这个。人们对我们的关系之类的事情猜测纷纷。"他忧心忡忡地看着她,似乎在害怕已经说得太多了。

"什么样的流言呢?"我问。

"似乎是有很多人对我们俩的感情说三道四。他们都试图说出他们的看法。我真的不……"他的声音渐渐弱了下去。我对他说,我不是太明白他的所指,能不能给我举个例子。

米格尔低下了头,小声地嘟囔着,说有很多人都在谈论他和维姬的相处方式。"我们是不太尊重对方。"他垂着头说。

"是什么样的人呢?朋友?"我问。

他抬起头来看看我,又看了看维姬之后说:"朋友,我的家人,她的家人,各种人。这是我无法容忍的事情之一。"

"你觉得他们都在说些什么呢?"

他盯着我看了一会儿,深吸了一口气,然后长长地呼了出来:"关于我是什么样的人。我的确性子比较急,我知道我有时候对她说了不该说的话,我也知道她转身就会对别人去说。我不知道她都跟谁说了。"

"我的姐妹或是朋友。"维姬立马回答。

"然后他们就会给她建议,比如说让她回来再把我骂一顿之类的。然后她就会回来说各种难听的气话。之后我们就开始干仗。好像大家都在一边怂恿我们吵起来。"他直视着我的眼睛,完全无视一旁的维姬正瞪着大眼睛望着他。

"你的意思是无论你和维姬之间发生什么,你都希望是你们两个人的事情?"我将他的话阐释了一遍,他直视着我的眼睛,感激地点了点头。我在那一刻想到的是我的一位意大利朋友对我说过的一句话:"无论我们家里谁犯了头疼,其余的人都会赶紧吃阿司匹林。"基于维姬的家庭背景,跟姐妹和朋友谈论她的事对于她而言是自然而然的事情,但是对于她丈夫而言却变成了很大的困扰。而且很明显,这些分享并没有帮助维姬冷静下来,为她提供有建设性的方案,而是进一步激化了夫妻间的矛盾。

这两人的结合不仅要面对育儿问题、局内人/局外人挑战,而且他们还身处两种完全不同的文化体系中,急需要一位有共情感的"翻译"为他们牵线搭桥。

在访谈的最后,我沉默不言,长久地凝望着这对夫妇。"你们觉得,这次再婚算是成功的吗?"我若有所思地问道。

他们没有立刻回答,只是坐在椅子上,同样凝视着我。"耶,当然算了。毫无疑问。"最后,米格尔开口了,"我们的生活有很多波折,但这就是我们的相处方式。我们是有起起落落,但说到是不是成功的,毫无疑问是的。"他转过头去,深情凝望着自己的妻子。

"他肯定是不会放弃这次婚姻的。"维姬心满意足地说,"因为我每次气急了想把他赶出去的时候,他都会说:'我是不会走的。我们会一起解决问题。我是不会走的。'"

"永远都不会走。"米格尔动情地说。

虽然这对夫妇之间的矛盾似乎时而会如火山般爆发,时而又平静下来,但他们并不太在意这些极端的感情戏。可我还是在想,这些"起起落落"会给他们正在成长中的孩子带来什么影响呢?因为众所周知,正在成长的孩子对父母间的争吵是极度敏感的。总而言之,我心里也很明白,这场暴风骤雨般的婚姻会一直延续下去,但我希望这对夫妻能够不要再去争论哪些文化规约是"对"的,而是学会包容——甚至是尊重——他们之间不可避免的差异性。

第九章

再婚家庭的幸福秘诀

"我们是最好的朋友,我们享受在一起的时光。从某种意义上来说,我们是个真正的团队。"

两套育儿观

玛格丽特·格雷（Margaret Gray）在电话上告诉我，她和她的丈夫都是风险投资人和慈善家。"我们不但共同开创蒸蒸日上的事业，并且还慷慨捐助大量的钱财。"她这样说道，之后似乎自我辩护般地加了一句，慈善活动花费了他们许多的时间和心思。

我有一种很明确的感觉，玛格丽特一定是在非常优越的环境下长大的，因为她说话的口吻中就带着一种浑然天成的命令感。

但是尽管如此，我还是被格雷家装饰着白色护墙板、富丽堂皇的豪宅惊到了。这栋豪宅坐落在康涅狄格州达连湾（Darien）树木繁茂的滨海地区。这对夫妇领着我穿过巨大的门厅和客厅，走进一间阳光普照的休息室。我们在这舒适的房间落下座来，前面硕大的落地窗能看到长岛海峡的绝美风光。我一开场就问他们现在的年纪、已经在一起多长时间了。

布鲁斯先回了话。他今年58岁，玛格丽特54岁，他们已经结婚19年了。他们俩之前都离异过一次，这是他们的第二次婚姻。我转向玛格丽特,问她第一次婚姻的情况。那次婚姻持续了多久,是什么样的?之前有孩子吗?为什么最后会分道扬镳?

让我惊讶的是,布鲁斯又抢先回答了。玛格丽特第一次婚姻延续了6年,他说。在他们结婚的时候,她已经有了一个3岁大的儿子查理(Charlie)和5岁大的女儿特丽莎(Trisha)。我匆匆记下几笔,然后抬头看到了他妻子沉稳的绿色眼眸。玛格丽特·格雷个子高高,赤褐色的头发挽成一个简洁的大发髻。她身着黑色的运动衫,棕黄色裤子,没有化妆也没有佩戴首饰。

"玛格丽特,"我直言不讳地问,"说说你的第一次婚姻吧,为什么最后会离婚呢?"

玛格丽特将头歪到一边,沉思了片刻说,她的第一任丈夫艾伦(Alan)是个以自我为中心的人。他想干什么就干什么,从来不管时间、地点或是场合。"比如,我们可能全家人坐在一起吃饭,我爸爸要点些烧烤,大家都坐在那儿等着享用大餐。而那时候艾伦就会说:'我想去跑个步。'然后他就打算走了。我爸爸想要烤牛排,艾伦的牛排做得非常好,他就说:'你们别管我先吃,我回来以后再加入,不会打扰到你们的。'"她一脸愁云惨雾,"嗯,不,这是个家庭活动啊。"她的语气中透露着愤怒。

"不是说艾伦这个人不好。"她平缓了心情后说道,"他很善良。如果你在路边遇到了麻烦,他肯定会停车的。可他就是个社交盲。"

"换句话来说,他是不会体谅别人?"我问。

"他只是不会交际。"玛格丽特回答。

"从一个局外人的角度来看,"布鲁斯插进话来,"他就是完完全全不知道该怎么跟人打交道。他只是在扮演着丈夫和父亲的角色,但只是想看起来像那么回事,不是真的成为丈夫和父亲。"

玛格丽特点点头表示同意。"他希望全家的照片出现在圣诞卡上,但他不想要家长里短的那些东西。他经常出去旅行。"她耸了耸肩。很显然,前任的缺席为促成现在这对佳偶创造了有利条件,但我在想,对于两个孩子而言这又意味着什么呢。特别是 5 岁大的特丽莎,对于生父的出局她又感受如何呢?年幼的孩子无法说出他们的痛苦和失落。

"从另一个方面来说,"布鲁斯接着说,"在旁观者看来,艾伦完全不知道他的行为对于别人而言可能是很失礼的。我们初次相遇的时候我就是个旁观者——那时我是玛格丽特哥哥的朋友——他对她多有贬损,毫不尊重,简直把我吓了一跳。就当着大家的面!我是说,她是他的妻子,两个孩子的母亲啊。我就觉得艾伦的行为很有意思,就像是那种 50 年代典型的性别歧视分子。"

虽然布鲁斯和玛格丽特都来自背景优渥的家庭,但他们的早年家庭生活却是截然不同的。

"跟你父母在一起才知道什么是真正的激情。"玛格丽特转向布鲁斯说。

"我的父母是彼此最好的朋友。"布鲁斯告诉我。

"他们最看重的是彼此间的情感关系。"玛格丽特说。

"是的,她不喜欢我这么说。"他把脑袋往妻子那边歪了一下,"但是,身为父母来说,他们太自私了。他们一周有五天在外面吃饭,我们很少有机会共进晚餐。我是说,他们给了我很多物质上的东西,但对我却不是很上心。他们从来不会从孩子的角度出发,像朋友一样跟我相处。"

"而我跟我的孩子之间有着绝对积极的友谊。毫无疑问:我最好的朋友除了玛格丽特就是我们的孩子。我想知道他们心里在想什么,我尊重他们的想法。我知道他们不像我这么见多识广,但是从很早以前开始,我们就培养出了一种与我自己身为孩童时完全不同的关系。我那时老是挨训,打从 7 岁开始就一直很叛逆。"

玛格丽特第一次婚姻所生的儿子和女儿现在已经二十多岁了。格雷夫妇共同育有两个女儿,艾薇和玛尔戈(Evie and Margo)现在都已经十多岁了。在这个重新组合的大家庭健康发展的时候,布鲁斯说,他们每周会在一起吃七次饭,而不是两三次。他在为人父母方面的热情丝毫不逊于他的父母彼此间的爱。

玛格丽特父母间的婚姻本就是错误的结合,因此后来就离婚了,所以她不喜欢像布鲁斯那样对他真心相爱的父母匆匆下结论。"他的父母感情深厚,彼此相爱。"她说,"可笑的是,我父母间存在的问题却让我爸爸愿意把时间花在孩子身上。我是说,他愿意待在那儿是因为我们在那儿,他很喜欢跟我们在一块儿。这事儿我是在四十多岁的时候才想明白的,这就让我的兄弟姐妹间的关系和布鲁斯兄弟姐妹间的关系显得截然不同。我们就觉得我们都同处在一艘即将沉没的船上,我们可能会被别人抛弃,所以在孩童时代,我们兄弟姐妹间的关系非常亲密。布鲁斯的兄弟姐妹都在争宠,希望得到父母多一点的关爱,但是这种暖阳怎么可能够分呢,所以他们间的关系就不是那么密切了。"

"父母的关爱永远是不够的。"我重新阐释了她的话。她点了点头,笑着说:"因为奥林匹斯山上的众神都在忙着他们自己的事儿呢。"

坦诚相待

从法律意义上来说，布鲁斯的第一次婚姻延续了5年，但早在结婚两年后他就和第一任妻子露丝玛丽分开了，只是因为双方未聚在一起才没能离婚的。

"露丝玛丽和我是在我上法学院二年级的时候遇见的。她出身于一个严格的天主教家庭，所以当我们同居的时候，她爸爸实际上就和她断绝了关系。我觉得自己对她是有责任的，所以是我出钱让她完成了大学学业。我们俩相处得很融洽，直到后来她开始对我在遇见她之前谈过的恋爱耿耿于怀，心生妒忌。她介意我过去的一切，总觉得自己的地位备受威胁——这让我如履薄冰。我一直对她深感歉疚，即便压根儿就没做什么对不起她的事情！就在我们结婚之前，我高中时交过的一个女朋友来看我。我不觉得这有什么问题，我们清清白白的，但是露丝玛丽感到很受伤，很震惊，她不允许我忘掉这件事。"

布鲁斯耸了耸肩，一只手放到额前擦拭着，仿佛是想抹掉这一段痛苦的回忆。"不管怎么说，我们还是深爱彼此的，而且我也觉得对她有责任，所以我们还是结婚了。我觉得这就是我对她做出的承诺。但是在婚礼之后，还是一切如常。露丝玛丽太善妒，太苛刻，让我一直生活在愧疚之中。大概结婚两年之后，就好像晴天霹雳一样，她突然向我提出了离婚。我大吃一惊，伤心欲绝。但是随着时间的流逝，我后来觉得，这真是最好的结果了。"

"几个月之后，露丝玛丽又回来了，她想跟我和好。"布鲁斯笑着说，"对我来说，感觉就像是——你开玩笑的吧？我们分手的确让我痛彻心扉，但我们的结合一开始就是错的。我们分手的时候我把什么都留给了她，对我而言，这一切都过去了。我们结婚是建立在之前彼此深爱的基础上的，但那时这种爱情已经不在了。"

这对夫妇没有孩子。"你觉得自己很幸运对吗？"我评论道。

"是的，非常幸运。"他说着叹了一口气，脸上似笑非笑地说，"但是我们有一条大狗，我留给她了。但是说真的，打从结婚之初，我就发现她真的挑剔苛刻，毫不体贴。我们俩根本就不在同一个频道上。"

我让他说说第一次婚姻和这段婚姻的主要不同之处。布鲁斯深吸一口气，又长长地呼了出来。"什么都不一样。"他说，"玛格丽特和我是完全坦诚相待，真心相爱的。我们没有任何伪装，也不会发号施令，'你不能这么做''你一定要那么做'之类的。我们只会说，'如果你能这么做的话，我会非常感激的'，或是'你做那样的事情，我真的无法承受'。我们之间是完全坦诚的。我很欣慰,我不用找任何的借口和托词,我们俩之间是完全透明的。"

"没有愧疚感?"我问。

"完全没必要有愧疚感。"他摇着头说,"借用马克·吐温的一句话来说就是,你绝不应该做那种需要撒谎的坏事。"

"所以,也没有妒忌?"我来回打量着他们夫妻俩说。

"没有妒忌。"布鲁斯说,"玛格丽特知道我只爱她一个人。"

贴心的陪伴

当我让格雷夫妇说出第二段婚姻给他们各自带来的最大惊喜，玛格丽特毫不迟疑地回答："有个贴心人一起住实在是太好了。"她说："布鲁斯是个非常细心的人。如果要他下楼去，会先停下来问一问：'你有什么想让我给你带上来吗？'如果他经过商店，就会给我打电话，问我需要什么。我们在结婚前没有同居过，我不想让我的两个孩子觉得难堪。所以，最让我惊喜的是这种细心周到真的能让人的生活大不同呢。"

我转向布鲁斯，可他只是耸了耸肩，仿佛在说他一时还没想到答案。于是玛格丽特又说了一件让她惊讶的事情。他们在结婚之前会长时间地煲电话粥，结果她发现在打电话的同时，布鲁斯还同时在看篮球赛或是排球赛。"他会一心多用。"她可怜巴巴地说。

"我很少一心多用。"布鲁斯抗议道，"我不会。"

"我以前不知道他一天得看多长时间的电视。"玛格丽特接着说，"我想我们两个人在一起卿卿我我，耳鬓厮磨是很美妙的，所以看电视确实吓了我一跳。"

我问布鲁斯,他一天中大约要看多长时间的电视。他说他会看所有的政治节目,左倾的、右倾的,会从下午一直看到晚上11点。"我还读很多政治方面的书。很沉迷于错综变化的时事。"他还说他也喜欢体育节目,孩子们也喜欢跟他一起看。

玛格丽特不耐烦地说,那些新闻节目不过就是一遍又一遍地重复,天天都得听着电视的背景音。"客人们还经常为抢遥控器打起来,新闻又被换到赛马。与此同时,很多重要的新闻故事就错过了,没人听。"

我抬头去看布鲁斯的眼睛,问他这对于他们夫妻俩来说算不算是个问题。"不算什么大问题。"他冷冷地说。

"但如果对于玛格丽特来说这算是个问题呢?"

大家陷入了沉默,最后玛格丽特开口了:"这事儿我们确实还没找到解决方法。我们今晚不看新闻,世界又不会毁灭,我们可以干点儿别的,看书或是看电影——也行啊。"

我在想,如果夫妻中有一方有问题,那么就是影响夫妻双方关系的一个潜在问题。但是作为采访者,我只负责倾听,在没有人问我要建议的时候不能唐突地给建议。于是,又是一阵沉默,我决定跳过这个问题。

我看着布鲁斯,再次问他第二次婚姻最让他惊讶的是什么。他说,对他来说,没有什么惊讶的事。"我们在开始交往之前,做了很长时间的朋友。那时候她已婚,所以我们就只是朋友——然后友谊日渐深厚。我们一起体验过这辈子最有趣的一些经历,一起欢笑。我们非常地心意相通,单单一个眼神、一次握手都传递了无穷的信息。"

"到了我们结婚的时候,我们之间的情感已经是我一生中最深厚最珍贵的了,但是后来还是愈加深厚。所以,如果你问我,当我成为她两个孩子的继父——又有了属于我们自己的两个孩子之后,我会不会惊诧于我们的感情变得更好、更炽热的话——我的答案是'不会'。这新鲜吗?是的,全都是新的。所有的一切都是新的。"他最后打着趣儿说完了。

"真是个完美的故事。"我被他的激情打动了,又转向玛格丽特。我看到她拼命点着头表示赞同,两颊因喜悦而绯红。但是过了一会儿,她俯过身去拍了拍丈夫的膝盖,问他是不是对身为继父时遇到的那些事情一点儿都不感到意外。布鲁斯吃了一惊,过了好一会儿,时间仿佛都停滞了。

"我们之后会谈到这个问题的。"我向她保证。

关注继子女的心理成长

因为玛格丽特是这对夫妇中唯一将孩子带入这场婚姻的,于是我转向布鲁斯,说:"我想这个家里只有继父,没有继母,所以,你能不能跟我说说这种经历是怎样的?"

布鲁斯沉思了良久才回答:"从很多方面来说,我觉得身为继父很幸运,因为我们结婚的时候,她的两个孩子还很小——一个3岁,一个5岁。还有他们是在我们打算结婚前的几个月里才知道这件事的……"他这句话只说了一半,转而又说:"我真的很爱这两个孩子。打从很早开始就喜欢他们了。他们好小,查理那个时候还是个蹒跚学步的幼儿,我遇见他的时候他还包着尿布呢。一开始,更讨人爱的是特丽莎,当一个小女孩跟你亲近的时候,你真是没法不爱上她,她总是在我的膝盖上跳来跳去,从我身上跳过去。在她11岁以前一直都是这样的。"

不知为什么,布鲁斯叹了一口气,然后略微小声地说:"但是因为他们的爸爸离得远,我也颇占优势。我是说,地理意义上离得远,因为在绝大部分的时间里,他都在世界的另一边。"

"他在哪儿?"我问。

"在亚洲旅行,亚洲的很多地区。"玛格丽特说,"离我们很远。"

"我们一年会见上几次。"布鲁斯说,"从我的角度来看,这再好不过了,完美。"

这句话让我愣了一下,因为很多大人认为他们可以把缺席的亲生父母抛诸脑后,但继子女们会觉得他们心里缺失了一块,那本应该是"真正的父母"在的地方。这种失落感以及很可能存在的忠诚感问题("如果我爱上我的继父,我会失去我的亲生父亲留给我的点点滴滴吗?")会一直处于休眠状态,直到孩子进入青少年时期才会显现出来,这就是所谓的"事后效应"。研究结果表明,之前状态良好的孩子到了青少年时期通常会经历各种矛盾、沮丧等情绪的大爆发。

这种失落感和忠诚感的突然觉醒很可能是认知能力、智力和荷尔蒙的变化带来的,同时也归因于青少年时期与发展相伴而来的挑战——真正身份的形成。因此,继子女可能在毫无明显诱因的情况下成了个叛逆儿童:反复无常、桀骜不驯,愤怒地排斥对他(她)关爱有加的好继父。

"艾伦并不想毁掉我们的生活,或是摧毁我和孩子之间的关系。"布鲁斯的语气渐渐变得思虑重重,"但是他会不时过来'撒泡尿',宣示主权,但一直都没有成功,直到老大特丽莎长到十几岁的时候。

我那时犯了一个大错,让艾伦得逞了。"他垂下头去,把脑袋耷拉在胸前,似乎神情尴尬。

当我让他说说是什么错误的时候,他抬起头来看着我的眼睛:"有一回,我打过她的屁股。那时她快12岁了,她对谁都不恭敬,但我真的不该那么做,我们的关系因此紧张了好多年。"

"让你动手打她的起因是什么?"我尽力始终用中性的口吻,虽然我确实被这件事情吓了一大跳。他的行为——打一个12岁孩子的屁股——已经完全逾矩了,特别是那还不是他的亲生女儿。我在想是什么激怒了这个男人,他的妻子无比珍视他的得体举止和体贴周到,他却竟然会有如此失当的行为。"玛格丽特在吗?"我问他。

布鲁斯迅速地抬手摸了摸自己乌黑的短发,然后告诉我,她在家里,但事情发生的时候,她并不在跟前儿。他又接着说道,在那次打屁股事件发生之前,他和特丽莎之间已经有过几回不愉快的摩擦。"在那之前,我们俩非常要好。然后突然之间,她就开始污言秽语的,对大人不敬,还把门甩得梆梆响——甚至当我还站在旁边的时候,她就当着我的面砰的一声把她的房门关上了!就好像她昨天还是我乖巧懂事的女儿,隔天我就无足轻重了。"

他叹了一口气:"我现在明白了,这种行为对于12岁的女孩儿们来说很典型。你得给她们空间什么的。"他不置可否地说:"我曾经当着我们家管家的面儿让她难堪过,她很看重我们这位管家的看法。我说她对莫林毫不尊重,言行粗鲁,她说她没有,我说她有。

我就带着她下楼到客厅里去找莫林,我问:'我说得对不对?她对你是不是很粗鲁?'我不太记得谈话的细节了,但是管家说的确如此,特丽莎一直对她傲慢无礼。"

"这对于特丽莎来说打击太大了——现在想起来,对我来说冲击也不小。我不应该这样对孩子。她觉得很耻辱。但她说话真的是口不择言。她那时才 12 岁,但是已经太野了,所以我打了她的屁股。不是很使劲地打。但真正让她害怕的是,我一把把她抓过来,放到膝盖上,从后面重重地给了她一下。也就是说,我是主导者,我主宰着她。"

"从言语上来说,你也在主宰着她。"玛格丽特转向我说,"布鲁斯曾是法庭上最口若悬河的诉讼律师。"

没有直接回应妻子的话,布鲁斯对我说:"特丽莎和我那时候有很多矛盾,但我想如果不是因为这两件事——让她极度难堪并证明她是错的,还有,把她一把逮过来,从后面揍她——我们的争端会体现在别的方面,是理念或哲学层面上的,但我们的关系可能还能一如既往地亲密。"他的声音中透露着难过与懊悔,就好像他希望时光能够倒流,这两件事可以不发生,他可以回到他和特丽莎关系和谐的时候去。

布鲁斯清了清嗓子说,他跟年纪更小的继子查理之间也有争执,但他们之间的关系一直都很亲密。"我的确是享有话语上的主导权。"布鲁斯承认,但说完后他耸了耸肩,并不当一回事儿。"我想那是因为在我们结婚的时候，特丽莎更大点，我们俩之间的互动不理想，甚至到了她会冲着我喊'你不是我爸爸！'的程度。"当布鲁斯说起这些决绝的话时，他看上去一脸沮丧。

"这些有名的可怕字眼。"我满怀同情地说道。

"太伤人了。"他的声音很低，低得就快听不到了。

我想到了，虽然关于再婚的研究非常多，但对于再婚夫妇而言，此类关于孩子心理的信息却少之又少。如果他们能得到多一些信息，布鲁斯和玛格丽特就能提前知道孩子的失落感和忠诚感有多么重要——即便是在前配偶并不在场的情况下——此类的问题到了孩子青少年时期有多么高发，那么他们中的一方或双方就可以坐下来跟特丽莎好好谈一谈，让她把这些感受一五一十地都说出来。格雷夫妇还可以从《帕特丽夏的手稿》（见第二章）中挑出一两点建议，让他们的乖女儿明白，她的心中可以同时装下她的亲生父亲和她的继父——这两种情感存在于不同的位置，不会争夺她心中唯一的地方。

"特丽莎和我在之后的几年一直都矛盾不断。"布鲁斯难过地说，"特丽莎觉得很受伤，但我相信她还是一直爱我的。她也就是短时间内没有那么喜欢我罢了。"他说着自我解嘲地笑了一下。

玛格丽特神情十分专注，她安慰地说："但是，你要记得，特丽莎有好几次都卸下过她的防备——当你在她高中读书期间，帮助她打造罗马项目所需要的渡槽的时候，她有多感激你啊。"

布鲁斯于是也回忆起了在特丽莎14岁的时候，她在一次女同学举行的睡衣派对上喝得酩酊大醉，呕吐不止，吓得同学当护士的妈妈打了911报警。那时玛格丽特不在城里，于是布鲁斯冲到了同学家，陪着特丽莎上了救护车去了医院。"我全程都在搀着她走——去看医生，去见社工。她完全喝醉了，一直在说：'我爱你，布鲁斯。我爱你，布鲁斯。'"但是这种和谐关系并没有维持多久。"我猜那是因为我还不明白特丽莎内心深处的挣扎。还有，我也一点儿都不知道该怎么修复我们之间的关系。"

然后玛格丽特插进话来，她的声音听着很谨慎。她说，他们也交往一些再婚的朋友。"大多数的继父母说，他们对于亲生子女的感情和他们对继子女的感情差别是很大的。"她说。

布鲁斯立刻反驳了。他用一种声情并茂的口吻说，他对于两个继子女的感情和两个亲生孩子的感情是一样的。他都深沉地爱着他们。

"当然，跟特丽莎相处会更困难一些，因为她走进我生活的时候已经5岁了。"他承认道，"但是查理就是我的孩子。我们只要眼神交汇就能读懂彼此。我们对事物有着相似的看法。至于特丽莎——嗯，在打屁股事件发生之后，的确有段时间她看都没有看我一眼。"他的话里透露着隐忧。很显然，他还在为多年前的交恶追悔莫及。

突然，他又毫无征兆地说了一句："说实话，我很嫉妒玛格丽特和特丽莎之间的关系。"玛格丽特看着他，使劲地摇着头，好像要甩掉这个愚蠢的想法。她告诉我，现在大女儿已经是普林斯顿大学的研究生了，时不时地会回家看看，挺让人担忧的，回来得太频繁了。她觉得特丽莎太恋家了。"这不太健康。"她说。我没有说话，但我觉得，认为小大人就不需要家长关爱了——这完全就是个错误的想法。或者，玛格丽特的话只是为了表示她的宽慰。

"但是，我真的很嫉妒，因为她们每天都在打电话聊天。"布鲁斯说。他是这种情感关系中的局外人，他对此耿耿于怀。

"不是我给她打的。"玛格丽特自我辩护道，"是她给我打的。"她是个局内人，布鲁斯感到受伤的话，她也会很难过的。

"我还是很嫉妒。"他又说了一遍。"因为你们俩每天都在讲话，有时候一天还两次。"

"为什么你要嫉妒呢？"我平静地问。

"因为我也想跟她说话。"他回答，"如果是我接的电话，她就会找她妈妈。所以我就说：'你最近怎么样啊？'她就说：'挺好的，能叫妈妈听电话吗？'"他看着很失落。"当你被漠视的时候，很难觉得不失落。"然后他又加了一句，仿佛是为了安慰自己，"当然了，有些时候，你还会遇到更糟糕的事情。"

玛格丽特轻轻地把手放在他的大腿上，说："我知道，布鲁斯，你真的很难。"

金钱、性爱与团队精神

我问格雷夫妇他们是怎么管钱，怎么达成财务决议，以及金钱是不是夫妻间紧张关系的来源。他们迟疑了，彼此面面相觑，就仿佛我是用他们听不懂的语言问了这个问题。

我解释说，再婚夫妇会用不同的方式管理财务：有些人双方有自己独立的账户（"两锅"模式家庭）；有些人会有独立的账户，但还会有第三个户头用于支付家庭开销（"三锅"模式家庭）；还有些人会把钱都放在一起（"一锅"模式家庭）。"你们有公共账户吗？"我问他们。

"是的。"玛格丽特说，"我跟艾伦结婚的时候就没有公共账户。虽然我们俩都出身在富裕家庭，他的收入也很高，但他会看支票簿，会说，你买一条裙子花了多少钱？在那次的婚姻中，我就必须有自己的信用卡，因为他会严格监控我的每一笔支出。因为被他打压得太厉害了，很多年我都有一本自己的支票簿。他控制欲太强了，对钱看得很重。布鲁斯对数字就在行多了。他会问为什么这个月的水费比之前高三倍,一定是哪儿漏水了,得修一修。布鲁斯更擅长管支票簿,所以过了一段时间之后,我能说,OK,他不会对我的抉择大喊大叫。我们现在两个人的东西都放在一起,我们俩都签支票。但是只有他会核账,他算是管钱的——这对我来说是最合适不过的分工了。"

"你们会为钱吵架吗?"

他们俩都摇了摇头说不会。"钱从来都不是问题。"布鲁斯又加了一句。

"其实并不是因为钱不是问题。"玛格丽特说,"我是在很有钱的家庭中长大的,相信我,无论你多有钱,还是会因为钱而争吵的。"

"在你们结婚之前,你们了解过彼此的经济状况或是订过婚前协议吗?"我看着玛格丽特说,"你们想过将来的遗产要怎么给四个孩子分配吗?"

玛格丽特回答,对于她的四个孩子而言,钱是完全不用愁的。"他们被排除在我前夫父亲的继承名录之外了,但是没关系,因为他们是我们的继承人,从我们这里就能继承到足够的钱。"

布鲁斯又补充道,几年前他去找过自己的父亲,对他说:"我希望您长命百岁,但如果您有什么的话,请把您的钱都留给我的兄弟姐妹吧,我和玛格丽特过得很好。"他和玛格丽特是如此富足,所以他自愿将自己从父亲的遗产名录中剔除。

我笑着说,对你们而言,钱确实不是个问题。然后我又问道:

"这段感情最大的优势在哪里呢？"

布鲁斯淡淡地说："我们是最好的朋友，我们享受在一起的时光。"

"玛格丽特呢？"我说着转向她寻找答案。

"坦白说，我觉得我们俩之间最棒的一点是我们都有相似的幽默感。我们会笑我们自己，笑外面的世界，从某种意义上来说，我们是个真正的团队。这世上最令我沮丧的莫过于觉得我们不是个团队了。我想布鲁斯也是这么想的。同时，我们也知道什么事情是真正要紧，要关切的，什么事情就随它去。我想在这个方面我们俩很像。"

我来回打量着他们俩说："听起来你们很享受时光。"

"是的。"玛格丽特说。布鲁斯也回应道："毫无疑问。"

然后玛格丽特讲了一个故事给我听，在布鲁斯的母亲去世后不久，他们俩就决定一起去牙买加，抛开忧伤的情绪。玛格丽特的一个朋友很惊讶，竟然没有其他的夫妇随行，是他们俩自己去的。她问玛格丽特："你们有那么多话可以说吗？"

"现在，我从不会这么想。"玛格丽特说，"我不会和一个无话可聊的人结婚的。我真为有这种烦恼的人感到悲哀。但是你真的可以看到有这种人，面对面坐在酒店里，吃着早餐，却一句话都不说。这不是那种心照不宣的沉默。我在看书，布鲁斯在做别的，我会抬起头说：你知道我在报纸上看到什么了吗？我们俩会一直有互动，一直在互相沟通，而那些夫妇就仿佛平行线一样各做各的。"

然后，我问他们，在他们看来，这段感情中存在的最大问题是什么。

"福克斯新闻。"布鲁斯立刻回答,我们仨都笑了。但在我看来,对于晚上的时间该干什么,夫妻俩并没有各让一步,这将是他们真正需要解决的困难。我有些迟疑,不知道是不是该再聊一聊继亲的事情,例如,关于特丽莎的局内人和局外人身份。我甚至在考虑要问他们是不是曾经坐下来谈过孩子的问题,跟他们谈一谈爸爸不在身边是什么感觉。但这个可能会有些过火。就在这时,我看到玛格丽特偷偷地看了一眼她的表。我也看了看我的表,我已经跟格雷夫妇谈了一个半小时了。一月份早早就下沉的夕阳将原来万里无云的蔚蓝天空布上了点点色彩,其中橘色最为显眼。

"最后——这是我最后一个问题了——你们觉得在目前的人生阶段,在性上存在的最大问题是什么?"

布鲁斯坦诚地说:"年纪大了,频率也变低了。"

我转向玛格丽特,问她:"你觉得性上最大的问题是什么呢?"

"年纪大了,频率也变低了。"

我来回打量着他们俩:"有人希望频率更高一些的吗?"

"有啊,她就这么希望。"布鲁斯回答。

"她是这么希望的。"我望着玛格丽特的眼睛,重复了一遍布鲁斯的话。她挑了挑眉说是的。

"她当然希望了。"布鲁斯说,"但是我……"他说了一半就停住了,然后接着说:"当我们享受性爱的时候,一切都很棒,没有任何问题。一切顺利。"

"我想他可能对肖恩·汉尼提（Sean Hannity）和比尔·奥莱利（Bill O'Reilly）（美国政治节目主持人与记者）更感兴趣吧。"玛格丽特冷冷地说，"孩子们也到了会往我们房间跑的年纪了，他们一直就待着不走。"

布鲁斯表示同意。"跟这个和年纪都有关系。但是我还没到要用伟哥的时候。"他仿佛自我辩护地说道，然后又接着说，世上最重要的事莫过于有缘的相遇。"跟玛格丽特之间我们有性，有比任何人都深厚的情感。我们对彼此有绝对的信任。随着年岁渐长，在性方面我可能有些力不从心，但是我们俩之间的感情是很好的——比世上所有的一切都要好。"

玛格丽特什么也没说，她只是凝望着他，一脸温柔与爱慕。

"我们是幸运的，我们拥有梦幻般的人生。"布鲁斯接着说，"我们不仅有四个健康快乐的孩子和一个温暖的大家庭，还有机会一起做点事——比如，通过我们的慈善事业——这个真的很棒。我们蒸蒸日上，纵情时光，因为我们俩优点不一样，能自然而然地在彼此身上找到平衡点。"

是的，我想，尽管布鲁斯曾经压制不住怒火，做出了让他追悔莫及的行为，尽管他面临着年岁渐长随之而来的性欲下降问题，我还是欣然接受了他的说法。在这第二段婚姻中，布鲁斯和玛格丽特间形成了紧密而和谐的纽带，他们的确在过着一种梦幻人生。

结　语

　　在 20 世纪 60 年代到 80 年代，"活出真我"成了人们趋之若鹜的理想目标，这个目标明显超越了之前的各种承诺和责任——对于配偶，对于孩子所肩负的责任。在这段社会变革期，离婚率翻了一番，两番，所以，不可避免地，在我和我丈夫的身边，在我们的朋友圈熟人圈里，出现了越来越多的再婚夫妻。但是，再婚率的直线攀升并不能撼动我心中对于婚姻的浪漫理念。我认为再婚是一次崭新旅程的起点——用新任精挑细选出来的伴侣（继亲）替代那位也许只是匆忙结合的原配——这是第二次追寻幸福的机会。诚然，在这些再婚夫妇和他们的家庭中，我能看到很多的共性。

　　这些再婚夫妻幸福吗？我不得而知。人们对于自己的保护欲都极强，到了第二次（第三次），对于外界认为他们的结合幸福与否的看法就愈加敏感了。据我对于这些夫妻大致的了解，他们当中许多人都是过得很幸福的。诚然，时不时地也会有人跟我抱怨遇到了棘手的婚姻问题。比如，我有一个朋友是两个学龄儿童的母亲，再婚嫁给了一个知名记者，对方也有两个孩子，跟着他的前妻生活。几年之后，我的朋友很希望将自己的两个孩子正式跟新丈夫姓，但是她丈夫对此充耳不闻。很显然，他不愿意让自己的亲生子女和妻子的前任留下的两个孩子分享自己的家族姓氏。这件事情导致双方纷争不断，共度了10年时光之后，他们分手了。

另一个与再婚相伴而来的困境是在一次业界午餐会上，一位碰巧坐在我身边的陌生人告诉我的。这位女士告诉我她自己没有孩子，再婚嫁给了一位有三个孩子的男士：一个6岁的女儿；两个儿子，一个8岁，一个10岁。她对我说，她竭力去理解丈夫对孩子的牵挂，但是对一件事情始终不能释怀——每天晚上，她的丈夫都会跟几个孩子通很长时间的电话，问他们白天在学校里的情况，在聊完这些之后，他还经常心平气和、全神贯注地跟前妻聊天，说说他们共同的孩子最近生活得如何。当他们聊得热火朝天的时候，她只能独自赖在沙发里，喝上一杯酒，看看书或是看看电视。

现在我明白了（那个时候并不是特别清楚），在这对夫妇的情感关系中，至少有两大潜在的再婚挑战在发挥着作用。一是局内人/局外人力量的巨大冲击：当初婚家庭的议程几乎每晚都在主导局势时，这位第二任妻子似乎就成了个局外人。第二大未完成的挑战是在这对新夫妇周边划出明确的边界——虽然这边界上还得有个洞，可以与孩子的生母来往沟通。很显然，在这个案例中并不存在佩培璐建议设置的两截门——上半扇开着促进生父母之间就孩子的安排等事

结　语

宜进行磋商，下半扇紧紧地关着，在本段婚姻与上段婚姻之间设置屏障，区分什么是晚上的友好聊天，什么是对个人时间的不当占用。

在时隔数年之后，我觉得奇怪的是，那时我把这些推心置腹的诉说当作极为平常的婚姻问题，而不是与再婚密切相关的普遍结构性问题。直到 20 世纪 90 年代，我在进行一系列深度专访的时候，才意识到带孩子家庭的重组会引发一系列前所未有的问题，而这些问题如果仅仅套用传统的初婚家庭模式的话，并不能得到合理的解读。在最初的研究中，一个无所不在的问题映入了我的眼帘，那就是再婚家庭中，局内人 / 局外人身份的迅速成型。

我还能清晰地记得我曾经采访过一对夫妇，妻子（离异，带有一个 10 岁大的儿子）描述了她在搬到再婚配偶——一位带着 3 个十多岁儿子（年纪分别是 13 岁、15 岁和 18 岁，最大的已经上大学了）的鳏夫家时受到的震撼。就在他们"浪漫婚礼"后不久，她漠然地说，"我瞬间就成了这个全是男性的家庭中唯一的女性。"

这位女士再婚之前是个高中教师，把家里打理得井井有条。她的亲生儿子生性安静、刻苦勤奋、彬彬有礼，总是主动承担家务。但她的新丈夫家，自打 4 年前前任妻子因患癌症离世，缺了女主人的家庭，风气就变得极度懒散。

虽然她也认同，自己的几位继子都是生性纯良的人，但他们的生活方式却邋遢得惊人。他们的碗碟从来都不洗，全都堆在洗碗池里，直到放不下为止，毛巾和床单都肮脏至极，但他们的父亲似乎对此一点儿都不以为意。还有,她之前还心想,等她和她儿子搬进去之后,这种局面会改善,这群倒霉的男同胞会因为她能帮忙打理家务而对她心存感激,她会把这个家料理得亮亮堂堂,在桌上摆上美味的食物,给他们洗衣物什么的——大家只要稍加协助,她会心甘情愿地把一切家务做得妥妥帖帖。

但是,在她丈夫这种洋溢着散漫与随意气氛的家庭,这样的做法被视为一种异类,是犯忌的。这位初来乍到的"妈妈"竟然让他们在上学之前整理好房间,叠好被子?她凭什么要改变他们一直以来的生活方式——自从他们妈妈死后一直延续的生活方式——这是他们自己的家,自己熟悉的生活环境。在失去"亲生母亲"的痛苦打击之下,这些孩子已经不愿意生活再有任何其他的改变了——他们不允许这种改变发生,不允许再有什么来打乱他们的生活节奏。

随着我访谈的深入,这种潜在的问题在不断地上演。不管从表面上看来,这种家庭的情况有什么天壤之别,再婚夫妇在这次婚姻中都在体验截然不同的身份。局外人觉得自己流离失所,没有任何的话语权,而局内人却疲惫不堪,终日奔忙,一边赞同新配偶的需求是正当合理的,另一边忙着向孩子们承诺不会再有什么根本性的改变,他(她)会一直在他们身边的。

当然,我最初的计划是描述整个继亲家庭的旅程的不同阶段,再婚夫妇和彼此的家庭走到一起,遭遇各种各样的障碍,最终全员融合为一个新的家庭系统。但随着我与再婚夫妇们谈话的展开,一切都显得杂乱无章，与我起初想的一点儿也不一样。可以肯定的是，我很快就意识到了各种专属于再婚家庭的现象，例如，局内人/局外人困境等，只是无法形成连贯的陈述罢了。

于是我到一家本地的家庭治疗训练机构报名，想去上上课，学一学继亲家庭动力学，但我发现，根本就没有这样的课程存在（尽管离婚率和再婚率在不断攀升，现在各地却几乎还是没有这样的课程存在）。令我兴奋又惊讶的是，当课堂点名，我的名字被念到的时候，整个班上爆发出了一阵热烈的掌声，因为我的书被他们学校的很多课程作为教材来使用！

不可避免的是，正如我在本书的序言中提到的那样，我最终在再婚方面的研究结果是，将我的笔记、文件和录音都放到了一个褐色的纸箱中封存起来，放到了一个壁橱深处，甚至不知道还会不会有再打开的一天。

但是到了2008年末，我偶然读到了佩培璐的新型建构模式，在那一刻，我醍醐灌顶。这个一针见血的理论用极其简练而又移动的语言风格，铺陈出了五种再婚家庭的主要挑战，不仅将各种纷繁杂乱的现象呈现在了张弛有度的讨论中，还提供了一系列高超的策略，用以构建生机勃发、人人身在其中、其乐融融的再婚生活。

现在，在探究钻研再婚课题十数年之后，我觉得最值得铭记的是我与采访过的那么多对再婚夫妇的促膝深谈。每对夫妇都有属于他们自己的故事要讲，而且当他（她）自我表达的时候还经常洋溢着诗意。我能近距离地看到，他们有多么不知所措，面对着每日的挣扎苦恼，却不知道再婚家庭的潜在模式与初婚家庭是完全不同的。

因此，我衷心地希望本书中的故事，以及我认为在解读再婚情感关系方面如何发展——走向成功或是分崩离析——有巨大帮助的建构模式，能够帮助到每一位在类似困境中苦苦挣扎的再婚情侣与个人。

最后，还有许许多多我采访过的夫妇，他们的故事没有出现在这几章中。由于本书篇幅有限，太多我聆听过的故事也无法尽得其详，所以，我决定只选择其中有典型代表性的情侣，将他们的境遇娓娓道来，希望并未出现在本书中的情侣能在字里行间体味到自己的故事——我想他们是可以的——因为他们牵动我的理念思绪，确确实实地存在于所有的文字之间。

致　谢

　　首先，谨将我衷心的谢意传达给我的挚友与导师——帕特丽夏·佩培瑠博士，是她陪着我一路走来。佩培瑠本人拥有一个幸福的再婚家庭并在再婚领域拥有 30 年的从业经验，同时她也是一位才华横溢的理论家，其影响力浸润着整部著作。

　　同时，也要特别鸣谢著名社会学家安德鲁·J. 切尔林，约翰·霍普金斯大学公共政策教授本杰明·H. 格里斯沃德（Benjamin H. Griswold III），密苏里大学人类发展与家庭研究教授劳伦斯·加农（Lawrence Ganong），佛罗里达州立大学人类科学学院（College of Human Sciences, Florida State University）系主任凯·帕斯利（Kay Pasley），诺尔简·亨德里克森（Norejane Hendrickson）教授，同时也是美国继亲家庭资源中心（the National Stepfamily Resource Center）下属继亲专家委员会成员。美国皮尤研究中心（Pew Research Center）资深作家 D 维拉·科恩（D'Vera Cohn），新泽西州里奇伍德镇"垫脚石"咨询中心（the Stepping Stones Counseling Center in Ridgewood,

New Jersey）主任、临床社工执照拥有者罗伯特·科罗斐尔（Robert Klopfer），新泽西州高地公园多元文化家庭研究所（the Multicultural Family Institute in Highland Park, New Jersey）主任、社工硕士及哲学博士莫妮卡·麦戈德里克（Monica McGoldrick），继亲家庭基金会（the Stepfamily Foundation）主任珍妮特·路法斯博士（Dr. Jeannette Lofas），文学硕士、婚姻家庭治疗师、继亲家庭教育工作者伊丽莎白·爱因斯坦（Elizabeth Einstein），建筑师詹姆斯·梅里尔（James Merrell），继亲家庭财务管理专家玛格丽·恩格尔博士（Dr. Margorie Engel），以女性事务见长的财务专家乔安妮·比克尔（Joanne Bickel），工商管理硕士、法学博士雷斯利·E.戈罗德律师，家庭法庭的法官E.舒托·莱文及无数同人，请恕我篇幅有限不能一一穷尽。特别感谢我参加的第一个再婚夫妇团队中的所有成员，感谢你们让我有幸聆听你们的故事。

最后，将我诚挚的谢意传达给我的编辑——天资聪颖、心灵手巧的莎伦·韦尔奇（Shannon Welch）和斯科博瑞伯纳出版社的主编南·格雷厄姆（Nan Graham）——在交睫之间便能洞悉文稿欠缺之处——令我心服口服。在我作为写作出版著作的漫长职业生涯中，从未见过智慧与专业技能能出其右者。你们俩当真可谓极致，能与你们为友，乃是我平生一大幸事。

麦琪·斯卡夫

麦琪·斯卡夫访谈录
再婚家庭面临的五大挑战

您为什么认为在指导情侣再婚上为人所广为接受的理论和治疗性训练是极度匮乏的呢?

麦琪: 我不知道! 想一想现在新晋的姻缘中,43% 的婚姻中至少有一方曾经结过婚,你就会觉得人们对于再婚家庭应当给予更多的关注。但问题是对于大多数人来说,他们对初婚家庭和再婚家庭性质上是截然不同这一点基本事实闭目塞听。大家似乎都普遍认为除了家里来了个新爸爸或是新妈妈——继父或是继母之外,再婚家庭和初婚家庭并无二致。事情根本就没有这么简单。

我想正是这种错误理念导致再婚家庭破裂率居高不下——再婚离婚率比初婚离婚率高至少 10%——接近 60%。

既然再婚情侣通常年纪更大、更明智,做出的婚姻选择更是经过深思熟虑的,那为什么从统计数字上来看,再婚的离婚率比初婚还要高得多呢?

麦琪： 因为大多数的再婚夫妇都将再婚视作又一次追寻幸福的机会，他们找到了早就应该属于他们的那个对的人。但是当他们沉浸在爱河里的时候，头脑中的希冀和期待都是高度不现实的，他们没有预计到第二次婚姻会遭遇到独一无二的典型挑战，譬如，孩子内心该忠诚于谁、育儿分歧、不同家庭文化的融合等。这是心理学家帕特丽夏·佩培瑙罗列出的五种再婚家庭所遭遇的主要结构挑战中的其中三项。所以，从本质上来说，被再婚家庭完全忽视掉的一个困难任务就是把许多关于所谓"真正的家庭"——传统的初婚家庭——是怎么运转的等这些旧观念抛到一边，有意识地去努力计划、设计、打造一种全新的家庭结构，来满足他们自己独特的要求。

当一对再婚夫妇出现了严重的问题之后，是不是让其中的一方或是双方去寻求治疗就能够更好地应对这些困难呢？

麦琪： 这要视具体情况而定。如果是继父（母）与继子（女）之间的纠纷，那么他们俩就应当一起去见治疗师；如果是再婚夫妻双方间的矛盾，那就应该他们俩去。你必须确定是谁对这个家庭系统的负面影响最大，也有可能是姨姨姑姑或是媳妇女婿与继母的关系不好。最重要的一点是，千万不要全家一起去看医生。因为大家都在一块儿的时候就是矛盾最激烈的时候。还有一点，一定要去找受过专业训练的再婚家庭治疗师。那些用初婚家庭模式来套用再婚问题的治疗师不会真正明白再婚夫妇所面临问题的复杂性。

再婚家庭中最常见的矛盾类型是什么？最可能导致再婚夫妇争吵的事情有哪些？在局势发展到不可收拾之前，再婚夫妇们能如何预测并规避那些棘手的局面？

麦琪：非常有意思的是，初婚家庭中最常见的矛盾是围绕钱的，第二大矛盾是孩子。而在再婚家庭中，这种情况正好掉了个个儿：再婚夫妇最经常因孩子而争吵，其次才是钱。说到如何平息纷争，最好的方式在于人际沟通，特别是当所争吵的事件击中了夫妻双方的内心时，比如关于孩子的举动这样的敏感问题。夫妻双方是否尊重并关爱彼此已然经历过痛苦与变故的孩子们？或是继父（母）是否粗暴或有攻击性地回应孩子对自己的不敬？举个例子，对于一个沟通技巧高超的继母而言，比起说"每次你那几个倒霉女儿进来，就从我面前径直过去了，就好像我根本不存在一样！太没有教养了，你就站着不管吗？！"她更应当说"当你女儿走过来的时候，她连声招呼都不打，也不跟我有眼神接触，我真的很难过"。第一种是以"我"为中心的信息，意在指责，很可能会引发争论；而第二种回应是以"你"为中心的信息，才能开启一场真正能够解决问题的对话。

请您描述一下帕特丽夏·佩培瑙的建构模式，它是如何为您的研究带来灵感的？

麦琪：佩培瑙天才般的建构模式基于一个重要的事实，那就是初婚家庭与再婚家庭可以被比作两种互不相干的建筑物，它们的基本蓝图是截然不同的。大家当然都非常熟悉初婚家庭的模式。打个比方，它呼应的就是我们大多数人长大成人的那种家庭，是存在于我们脑海中的那种家庭。但是再婚家庭的结构就相对而言不太为人所知了，几乎没有人知道它的结构与初婚家庭是有根本性不同的。这两种"建筑物"的本质区别源于一个不容忽视的事实——亲生父母与和他们血脉相连的孩子们之间深深依恋，休戚与共，这是他们与新来者/继父母所没有的。

  这种情况使再婚家庭呈现出各种复杂的结构问题，需要他们建筑师所谓的"一般风格"或是"传统规划"。再婚夫妇和他们的孩子必须抛开许多想当然的念头，不能认为家庭结构就应该是如何如何的。因为这个家庭是再婚夫妻双方年纪更大的时候组建的，其中的一方或是双方会将前度婚姻中的孩子带进来，所以他们共同打造的家庭结构会与更传统的初婚家庭结构截然不同。因此，他们关于家庭结构的假想不可避免要经受被拆解、再分析、再重新整合的过程，来适应他们重新融合的这个家庭。这就是"建筑专业知识"这个概念的缘起了。

  对于漫长而微妙的家庭重组过程而言，这只是寥寥数语，但我必须说，在我对大量来自不同年龄层、不同社会地位、不同经济地位和不同种族的再婚夫妇进行访谈之时，这种简洁的模式给我提供了极佳的理论框架。

再婚生活中的五大挑战是建构模式中的中心议题，您能分别描述一下这几种挑战并给我们举几个书中的例子吗？还有，您能给我们一些建议，该如何应对这些挑战吗？

麦琪：当然可以。

局内人/局外人力量

第一大挑战是局内人/局外人力量。局内人/局外人力量会将夫妻双方推到两个完全相反的位置。局外人（继母）挣扎着想走进这个家庭系统，并按照自己的意愿对其进行一些改造；局内人（生父）跟他的孩子之间有着深厚的情感纽带，而孩子对于家里来的新人通常是充满了强烈抵触情绪的。因此，局外人一直努力想要成为家庭真正的一员，却觉得自己遭到了冷遇；局内人则在自己的新伴侣与多年情感深厚的孩子之间来回奔波斡旋，希望能在家庭固有的运转方式与他的新伴侣所希望有所改变的运转方式间，找到一个平衡点。局外人通常觉得自己不受人待见，备受冷落或是干脆是隐形的，而局内人经常是心灰意冷，精疲力尽。其中一个显著的例子就发生在朱莉和马修·奥尔布莱特的婚姻中。朱莉一直不得其门而入——做出自己想要的改变，得到做母亲的权威以及在自己的家庭事务中拥有发言权。她把自己形容为"一个家里多余的人""一种非驴非马的存在"——她的育儿方式经常遭到马修和他前妻的指责与嘲弄。

这场再婚最终还是触礁了。

那么到底夫妻双方该如何应对这种局面呢？首先，要明确地认识到局内人/局外人力量的巨大影响，这是解决问题重要的第一步。我建议局内的一方要抽出几次空来，感同身受地（不要被打扰）去聆听局外一方的迷惘、伤痛和被排斥的疏离感。最理想的状态是，一两天之后，局内一方再预留出一段免受打扰的共情时间（20分钟），来说说自己尝试做出许多努力，只是结果有些令人沮丧。

局内人与局外人所处的位置都处在巨大的压力之下。

另外一个重要的小提示是千万避免待在一块儿并不开心的一大家子人长时间待在一起。全家人待在一起的时间正是相互之间矛盾达到顶点的时候。千万不要这样做，而是要一对一地独处：生父（生母）与他（她）的其中一个孩子独处来加深情感；继父（继母）单独和其中的一个继子（继女）待在一块儿，他们需要在没有生父（生母）在场的时候培养感情，这样，继父（继母）也许能找到一些比较自如的方式亲近自己的继子女——比如，玩棋盘游戏、烘焙饼干或是让十多岁大的孩子教他（她）怎么使用推特。

最后也是最重要的一点是，夫妻俩需要有固定的时间独处——出去吃饭、看电影或是远足——好让双方的关系保持健康向上，互有助益。这里最重要的一点是在整个家庭范围内建立良好的一对一关系，这是应对这一挑战的关键。

孩子们的痛苦

事实上生父（母）的获得——一位新伴侣——对于他（她）的孩子而言通常也是一连串家庭变故中的一个。要记得，再婚涉及的继子女们通常已经经历过了早先的痛苦期和压力满满的转型期，例如，从原来的家中搬走或是转学到陌生的学校等。同时，原生家庭的破裂——大部分是由于离异——对于孩子来说引发的是如火山爆发般的震荡，因此，不可避免地会带来深深的悲伤与随之而来生怕被遗弃的恐惧。

而且，继子女们通常内心会因忠诚问题而挣扎不已：内心酝酿喜爱之情——甚至是坦率的爱意，同时产生负疚之情——感觉到那是对自己"真正的"生父（母）的背叛［事实上的一种背叛，或是如果生父（母）已经去世的话，是对回忆的一种背叛］。

那该怎么办呢？再婚之初，应当限制新规矩和新改变的产生数量，这是很有用的。你所施行的改变应当最小化，并以维持礼节为核心。比如，继子（女）应在走进房间的时候目视继父（母）并问好，而不是只跟生父（母）打招呼，假装这位新人（新配偶）根本就不在。

对于挣扎于忠诚问题的孩子们而言，重要的是要让他们知道"真正"的父亲（母亲）在他们的心上永远占据着不可动摇的一席之地。如果他们在想，渐渐喜欢上自己的继父（母）是否为一种背叛时，一定要让他们明白他（她）占据的是他们心上的另一处地方。

最关键的信息在于生父（母）和继父（母）存在于他们心上的不同区域，这颗心足够广大，能够同时容纳得下他们俩。

这让我想起了艾比·贾米森10岁大的儿子，他憎恨自己温柔善良的继父欧文。罗伯讨厌他的继父是因为他母亲的再婚伴随着一系列的改变，其中最核心的是他们横跨了整个美国搬到了康涅狄格州，这对他而言意味着远离自己的亲人、朋友和慈爱的祖父母，他们都留在了加利福尼亚州。在这个案例中，花了很长时间——整整3年——情况才开始好转，最终出人意料地获得了大团圆结局。

育儿任务

再婚夫妇所面临的育儿任务很可能将两人推向剑拔弩张的相反两方。在再婚之前，配偶一方的单亲家庭系统很可能变得过于宽容，时日一久，整个结构就会过于松散，没有规矩。继父（母）想要施行一些改革，建立他（她）的权威，但是继子（女）会无视甚至是公然对抗他（她）的要求。继子（女）们已经接收过了太多要求他们改变的指令了，他们希望事情能够一如既往，就像他（她）没来时一样。

生父（母）对于孩子们以及他们时而不敬的行为诸多宽容是对的还是继父（母）坚持让孩子们更加恭敬，家里更有规矩是对的呢？一方过于纵容，而另一方则报之以格外严厉。一大堆的研究已经证实了，对于孩子的成长发育而言，这两种方式都不是最好的。

最好的育儿方式是威严式的——严格却慈爱，和蔼却对孩子的行为举止有明确的底线。

管教继子女在再婚家庭中是个火药味极浓的事项，尤其是当父母双方处于两个极端（太松／太严）之时。那么继父（母）可以处罚继子女吗？明确答案是不可以。只有生父（母）可以施行处罚，继父（母）的角色更类似于一个监管人、保姆或是阿姨——在生父（母）不在的时候才是负责人，但是他们没有权力惩治违规行为。继父（母）应当将违规行为及时汇报给生父（母），让他（她）的配偶决定是否要处罚，以及如何处罚。

这里恰如其分的一个案例就是布鲁斯·格雷，他很喜欢自己的继女特丽莎，特丽莎从5岁就开始和他一起生活。她的亲生父亲很少在场，所以布鲁斯觉得自己就像是她真正的父亲一样。但是当特丽莎长到12岁的时候，她就像变了一个人一样，行为无礼，处处与人作对。终于有一天，布鲁斯失去了耐心，勃然大怒，一把把她抱过来放在膝盖上，狠狠地打了她的屁股。特丽莎气急败坏极了。"你不是我爸爸！"布鲁斯的继女大声说道——这几个词深深地刺痛了布鲁斯。虽然格雷夫妇的再婚从其他方面而言都是天作之合，但布鲁斯和他挚爱的继女之间的关系却再也没能弥合。在许多年后他仍然懊恼不已。

诚然，一个潜在的困境是生父（母）通常会过于宽容，过分宠溺，他们需要严厉起来，而继父（母）需要更有耐心，更有同情心。所以，双方需要以一种相互尊重、相互关爱的态度进行一些沟通，这是十分重要的。那么这里，一种叫"软—硬—软"的策略就十分有帮助了。因为父母们一旦谈到育儿方式的时候，都会变得超级敏感，所以，继父（母）一开场要用一种温和慈爱的信息作为铺垫："你也知道我有多喜欢特丽莎。"然后就像三明治的馅儿一样，在里面夹上一条更强硬一点儿的信息："但是她对我太无礼，太叛逆了，有时候我觉得我快控制不了自己的怒火了。"最后再用一条温和的信息来结束整段对话："你也知道我有多爱特丽莎，那我们该怎么办呢？当她想要惹我生气的时候，你建议我该怎么做？"

两种不同家庭文化的融合

对于再婚夫妇和他们的孩子而言，最大的挑战之一是两种不同家庭文化的融合。每位配偶都会为这个新组建的家庭带来一段历史和数百种熟悉的生活习惯、规矩和惯例。对于很多事情的共识，诸如，是不是可以在别人都坐下之前就开始吃饭，是把衣服挂在挂钩上还是直接扔到沙发上，还是每天只能看多长时间电视等，在亲生父亲（母亲）和孩子之间是心照不宣的，但是这些生活惯例和节奏对于家里的新人来说是未知的，他们并不理解。

出现这种困境其实是与再婚夫妇间共同基础相对薄弱，而生父（母）与他（她）的孩子之间共同基础深厚有关的。新婚燕尔的夫妇还没有足够长的时间，厘清他们之间的相似性和差异性以及构建出行为的简易方式。一个新的，不同的——将整个家庭系统中的所有成员都容纳在内的——共同基础必须通过时间的推移来打造。

举个例子，在再婚之前，卡罗尔·伯克已经向与他同住的成年继子女表明过，在他们自己住的房间里，她不会干涉他们的隐私，但是在公共区域厨房里，他们要把碗碟放到洗碗机里洗干净，把盘子罐子沥干归位，把垃圾倒掉。但是她的丈夫泰德的孩子们却无视她的指令，把碗碟都堆在水槽里，垃圾桶里的垃圾也满得快溢出来了。而她那位闲散宽容的丈夫则一直坚称这完全没有任何问题，所有的困难其实都只存在于"卡罗尔的脑子里"。她觉得自己越发没有存在感，无人重视——就像是异邦中的异类。当然，这让卡罗尔觉得自己快被逼疯了。

正如所有正在存续的再次婚姻一样，有一大堆意想不到的问题会突然间跳出来要你思考讨论，各种让你觉得受伤或是沮丧的机会更是不胜枚举。新婚夫妇必须明白他们需要携手合作，不断协商日常生活中发生的这些不断变更的细节。在伯克夫妇这个案例中，泰德需要明白卡罗尔被阻隔在家庭系统之外的那种失落，卡罗尔也必须明白，泰德周旋于自己的新配偶和孩子之间感受到的沮丧。

伯克一家的故事充满了戏剧性的大起大落。

而在更多涉及孩童的寻常生活场景中，最佳建议是，首先聚焦于最核心的问题，比如说安全和礼节。同时还要不断地向孩子们灌输一个观点，他们熟悉的日常生活将会一如既往，不会有改变。

家庭边界的拓展

初婚核心家庭的成员包括有亲生父母和与他们血脉相连、需要他们养育的未成年孩子。而在再婚家庭中，这么算的话，这个新家庭就不算完整，因为还有一位家庭成员（亲生父亲或母亲）是身处其外的，而他（她）也必须被包含在完整的系统之中。因此就有必要设置"上面有个洞的边界"，让这位父亲（或母亲）能自由进出。这个未闭合的边界可能会带来各种问题。

新配偶会埋怨她的另一半花了太多时间给前妻打电话聊他们孩子的规划和日程。所以现在是时候要对前妻设置清晰的屏障，让她能顺利地推进孩子的相关事宜，但禁止他们把时间花在人际交流和长时间的友好闲聊上。

身处其外的生父（母）在两个层面上可以成为阻碍再婚成功的绊脚石。其中一种叫作"关爱束缚"，在这种情况下，前夫（前妻）在情感上还依恋着自己的前伴侣。一个很显著的例子出现在奥尔布莱特夫妇的婚姻中。马修的第一任妻子成了第二任妻子朱莉"最好的朋友"，她在暗中破坏朱莉对继子的养育工作，甚至在她和马修婚姻结束 8 年之后，还给自己的前夫打电话说她还爱着他，还珍惜两人之间的情感。她从未从朱莉和马修的婚姻生活中消失过。

另外一种对再婚造成动荡的方式被称为"怨恨束缚"。在这种情况下，前配偶同样对自己的前任在情感上有着丝丝缕缕的联系，但这种情感是炽热的、愤怒的、具有毁灭性的。这在琴瑟和鸣的杜瓦利埃夫妇的故事中一目了然。克里夫的前妻罗琳之前跟情人私奔了，然后结了婚，深深伤害了克里夫，令他陷入了情感黑洞。但罗琳觉得克里夫是她的个人财产，他会为了她而伤心一辈子。因此，他跟他的新妻子莎拉之间的如胶似漆——他对自己的冷若冰霜——都让罗琳觉得是一种侮辱，令她愤怒。于是她极尽所能地给克里夫的新婚姻添堵，但是也并无所获。

那当再婚涉及的孩子们在两个不同的家庭中轮转，而这两个家庭的风格习惯完全不同的时候，又该怎么应对出现的各种俗事呢？也许孩子们在自己的妈妈家是可以喝可乐的，但是在爸爸新组建的家庭中他们却只能喝牛奶。这里我要使用一个隐喻来说明，希望对大家有帮助："有两个家，妈妈家和爸爸家，就如同有两个不同的老师。在史密斯太太的课堂上就算你要削铅笔也是要举手的，而在琼斯先生的课堂上，你可以随意走来走去。"这种低调的说法表达了两个家庭可以拥有自己独特的运转方式，而并没有暗示哪一种更好，只是不一样而已，仅此而已。

再婚家庭中会出现什么样的金钱问题？再婚家庭打理财务的所谓"一锅""两锅""三锅"又各指什么呢？

麦琪：我先回答第二个问题：金钱观的差别通常是再婚家庭中一个频繁出现的问题，而处理这些问题的最佳策略我们称为"三锅法"。用这种折中的方式打理财务的夫妻会有三个独立的户头，第一个是夫妻双方联名的,用于支付家庭开支,包括维修费、食品开支之类的。第二个账户里放的是妻子的收入和积蓄,用于负担她自己和属于她的孩子的花销。第三个账户是丈夫持有的,用于负担他自己和属于他的孩子的花销。

另一些夫妻决定保有各自的独立账户,所有家庭开支和育儿开支全部五五分账。很明显,这就是"两锅法"。

还有一些夫妻就简单地把所有的财务资源都放在一起,这就是打理新家庭财务的"一锅法",通常这样做是为了迅速实现家庭的融合。

在再婚家庭中会出现的金钱事宜数量多得惊人,包括养老金、社保、保险金及其他。新配偶需要明确一个问题的答案:"从财务角度来说,如果有些灾难和不测降临到我的新配偶身上,我会怎么样呢?"

让您给即将再婚的夫妇提一条建议的话,您会说什么?

麦琪: 即便你们坠入了爱河,也要了解一些关于再婚的信息和常识,这样你对于将来生活的预期会现实一些,不会措手不及。同时,要跟你将来的另一半彻底深入地聊一聊财务资源问题,你的财务和他的财务都要谈,这将是你们能够给予彼此的最好的结婚礼物了——一份坦诚,一份信任。